# 六十歳からの成長

## ―禿髭学長の通信より―

内田　淳正

# 目次

# 第一章　変革する大学

## 「三翠の　三重大こころを　人とはば　四つの力と　エコの風」

これを私からの最初のメッセージとします。ご存じの通り古事記伝四四巻を著した伊勢松阪の国学者本居宣長の「しきしまの　やまと心を　人とはば　朝日ににほふ　山桜花」をもじって作った歌ですが、三翠は三重大学のよい枕詞になると思います。この歌は軍国主義に利用された悲しい歴史の中にありましたが、本来は日本人の心とは、朝日に照り輝く山桜の美しさを知り、その麗しさに感動する心である、言い換えればものの哀れを知る心と解釈されます。

三重大学の心は「感じる力」「考える力」「コミュニケーション力」とそれに裏付けられた「生きる力」を涵養することです。教師として学生に、また先輩として後輩に伝えたいことは専門的な知識や技術ですが、それ以上に本当に会得してほしいものは「感じる力」「考える力」「コミュニケーション力」です。「鋭い観察力」「強靱な思考力」「的確な判断力」ということもできるでしょう。そしてこれらをもとにして世の中を力強く生き抜いてほしいと願っていますが、これらのことは簡単に伝えられるものではありません。最も難しいことではありますが、本学の教育目標を実行することにより「幅広い教養の基盤に立った高度な専門知識や技術を有し、社会に積極的に貢献できる「人財」を養成できるように力を合わせていきましょう。

蘭学者緒方洪庵は適塾を開き、日本全土から集まった門人に蘭学・医学を教え、幕末から明治にかけての日本の近代化に貢献した、大村益次郎、福澤諭吉、長與専斎、高松凌雲ら多くの「人財」を育てました。医学を教える塾でしたが、塾生たちにとって外国よりもたらされる医学だけではない目新しい知識、技術には驚きの連続だったことでしょう。彼らの勉強ぶりのすさまじさは、福沢諭吉をして「凡そ勉強ということについてはこのうえにしようもないほどに勉強した」と述懐しているほどです。それに加えての自由闊達さが、感受性豊かな若者の中に「感じる力」「考える力」「コミュニケーション力」そして「生きる力」を育み、幕末から明治初期に各分野で活躍する多様な「人財」を数多く輩出したのでしょう。

「エコの風」の意味するところは環境先進大学です。これまでの成果に加えて、キャンパスパークや三重大博物館構想を実現して大学構内に市民に開かれた地域の「知の拠点」を創成したいと願っています。初春には銀色に輝く翠の波を、初夏には新緑に映える翠の木々を、初秋には天高く澄み切った翠の空を、初冬にはツワブキの濃い翠の葉を眺め、また感じながら校内の思索の道、感性の道を歩き、交流の広場を教職員、学生、市民が一体となって楽しげに語らう光景を夢見ています。それが、われわれが目指す地域に根付いた大学の基盤となってくれるはずです。

「地域のイノベーションを推進できる人財の育成」の具体例を三重にみることができます。それは江戸時代にほぼ六〇年周期で爆発的ブームを巻き起こしたのが伊勢神宮への「おかげ参り」です。一八三〇年には当時の日本の総人口の六分の一以上の人々が半年間で伊勢神宮を訪れたとの記録もあります。集客力は現在の万博をしのぐものです。歩くことが主な移動手段であった二〇〇年以上も前のことです。この驚異的な旅行ブームを仕掛け、それを可能にしたのは伊勢人の独創的な発想と行動力です。宅配便、旅行クーポン券、団体割引や宿の予約システムなど現代の旅行代理店の原型を生み出し、全国に発信しました。

地域イノベーションそのものだと思っています。

「三重大は良い学生、大学院生を輩出するなあー」と評価されるように、教職員学生が一丸となって積極的に意識改革に取り組みましょう。

## 「コミュニケーション力と愛校心」

最初の何回かは堅い話が続きますがお許しください。最初からくだけすぎると学長の品格が疑われてもいけませんので。それが済めば、私本来の地を出した楽しいメッセージをお送りしたいと思っています。

大学、特に国立大学の社会的責任は、自らの規範に従って教育や研究の活動を進め、その水準の向上を目指すことであり、そのために組織として機能的に経営されることが求められます。経営と言いますと多くの人が企業の営利体制をイメージしがちですが、本来の意味はそうではありません。経営の「経」は織物のたて糸ですので物事の道理で普遍的な部分、大学の本来の使命に相当するものです。従って大学経営とは教育・研究・社会貢献に力を尽くすことです。法人化後の大学はこの目的を達成するために自らの財政的基盤を安定しなければなりません。

多くの大学において、教員が学内の各種運営会議に多くの時間を取られ、本務である教育研究活動、それらを通しての社会貢献に大きな支障を来しているとの指摘がなされています。教学組織（教員の組織）と事務組織の作業分担と連携の関係を明確にして、教員の教育研究に当てる時間を確保し、専念できる体制を作らなければなりません。それには、教員と事務職員が相互理解の上に協同作業を行うことが大切です。三重大学の教育目標の一つに「コミュニケーション力」をつけることが掲げられていますが、これは、われわれ教職員にも当てはまることは言うまでもありません。

「コミュニケーション力」の基本となる重要な要素の一つはギブアンドテイクの互恵性でしょうか。人類は進化の過程で自分が協力した場合の損得を計算できる能力を身につけ、全くの赤の他人を極めて近しい親族のように扱えることができるようにもなりました。他人を信用するということをいとわないという気持ちがなければ、人類はコミュニティーを形成することはできなかったでしょう。この高い信頼度にオキシトシンという脳下垂体後葉ホルモンが関係していると考えられています。年をとって懐疑心にさいなまれるようになったり頑固になるのは、ひょっとしてこのホルモンのせいかもしれませんね。

人々が一致団結して協力するには信頼することが欠かせませんが、それに便乗して良いとこ取りを目論む人がいると困ります。それを排除しないと社会は崩壊します。しかし、人類はそれに対応する策を既に作り出していました。それは宗教です。社会的に結束させるということが宗教の本来の役割と考えられますので、宗教により団結力が高まります。われわれに当てはめるとすれば**「三重大学への愛校心」**でしょう。それがわれわれの結束力を飛躍的に高め、意識改革にもつながります。学園祭などのファイアーストームで火を囲みながら旧制高校の寮歌や母校の校歌を歌い踊りながら同級生や仲間と気持ちを一にしたことを想い出す人も多いでしょう。

学長を中心とする大学本部は、学内のコンピュータネットワークやホームページ、広報誌の活用や、各年代の教職員との懇談などにより、大学運営の問題について、意見を聞くとともに、執行部の考え方を十分説明することが必要であると認識しています。

また、特に教育内容や学習環境などについては、学生側の立場の意見が重要であり、授業評価やアンケート調査などを通じ、広く学生の意向を把握するよう努める必要がありま す。そのため積極的に皆さんとの話し合いを持ちたいと考えていますのでよろしくご協力ください。

市民の皆様との交流を深めることも大切であると考えています。開かれた大学を目指している三重大学が有意義な社会貢献を果たすためには必要な情報となります。オープンキャンパスなどの機会に多くの方と話を通して、市民に開かれた「知の拠点」を目指します。

## 事業仕分けと三重大学

国民の注目を大いに集めた行政刷新会議による事業仕分けがありました。一般会計予算の中の四四七事業を選び仕分けの対象としました。一般会計は、基本的には国及び地方公共団体の消防、福祉や教育など国民・住民に広く行われる事業で、国会でその予算を審議されているものです。本来、透明性があり、無駄の少ない予算であるはずです。

一方、特別会計予算は、年金や社会資本整備など特定の目的のために、特定の人・所からお金を徴収し、一般会計予算とは別に会計処理されるもので、国の場合は、各省庁別で管理されており、国会ではその予算審議が基本的にされません。当然、チェックが甘くなり、不透明となる可能性が高くなります。そのため、二〇〇三年、時の財務大臣「塩じい」こと塩川正十郎氏が、「母屋（一般会計）がお粥で辛抱しているのに、離れ（特別会計）ではすき焼きを食べている」と表現したことは今でも語りぐさとなっています。

本来ならば特別会計の事業仕分けをしなければならないはずなのに、財務省主導で税収の大幅な減による財源不足を補うという観点のみで行われた作業としかみえないのは残念です。この国のあるべき姿や将来像を示すことが新しい政権では最優先事項でしょう。それに基づき財源論を論じるのが筋道であるのは誰もが感じていることです。

今回の「事業仕分け」で、大学の予算についても多くの事業が厳しく抑制される事となりました。日本の高等教育への公財政支出（対GDP比）は、OECD加盟国中最下位であり、高等教育費伸び率も日本が唯一のマイナス（△二・六％）であります。このため、大学関係者はこのような先進諸国中最低レベルの公的投資の水準や世界でも特に重い家計における教育費の負担といった問題の是正を訴え続けてきましたが、今回の事業仕分けでは国立大学に対して更に厳しい状況を突きつけました。

もし「事業仕分け」の通りに予算が組まれると三重大学も極めて大きな影響を受けます。教育や研究への助成は三億円超の減額となると試算されます。それにより教育・研究環境の悪化が懸念されます。大学の運営の基盤的経費の中心となる運営費は年々削減されており、教育・研究のために必要な経費を補うために競争的資金や外部資金の獲得を行わざるを得ない状況にあります。これらの資金も大幅に削減され、大学の教育・研究環境に深刻な影響を及ぼします。

次に地域圏大学として果たすべき役割が低下します。本学は、三重県をはじめとした地域への教育・研究面で貢献してきました。しかし、事業仕分けによる地域産学官連携事業予算の廃止は、教職員定数や運営費の減少を来します。それにより、地域イノベーションを推進できる「人財」養成に積極的に取り組んでいる体制の維持が困難となります。中小企業との共同研究数は全国第三位（平成一九年度）、全国大学の地域貢献度ランキング東海地方第一位（平成二一年度）、過去五年間で自治体及び企業との連携協定数三〇件などの地域貢献が極めて難しい状況に追い込まれることになります。

三重県が進める地域医療再生計画の中核病院として、地域の医療を支える県内の病院へ医師を派遣するほか、人材の確保に取り組むとともに、現在取り組んでいる救急医療や小児医療、周産期医療体制の強化ができなくなるでしょう。本年度よりスタートした防災コーディネーター養成のための「三重さきもり塾」も同様です。

資源の乏しい我が国においては、「人財」育成のための教育は、国家形成の基盤です。そのために大学の果たす役割は極めて重要であります。これまでは、少ない予算の中で教職員の懸命な努力によりその役割を果たしてきたことが、今日の日本の学術研究、科学技術の進展やそれを支える人財を育成してきたと自負しています。

しかしながら、今回の事業仕分けは、将来の日本のビジョンを示さないまま、予算の削減の為に拙速に行われ、教育・研究予算についての十分な議論のない作業となっていると判断します。特に、国立大学に対しては国家への使命の重要性を無視した評価であると考えます。再検討の上、平成二二年度予算に正しい評価で反映されること切望します。

# 還暦を迎えた大学の新しい歩み

先日、開学六〇周年の記念式典、記念講演会、学生による祝賀演奏会、祝賀懇談会を開催し、今後益々の発展を誓い合いました。特に、学生達の活躍や盛り上がりには大いに勇気づけられました。その時のメッセージを皆さんに送ります。

東洋の世界での六〇年は還暦で、十干十二支が一巡し、原点に戻ることを意味します。もう一度生まれ変わり、新しい人生を意義あるように送るために魔よけの赤色の産着を贈る習慣ができたといわれているのはご存じの通りです。三重大学はこれを契機に赤ん坊のような素直な気持ちで新しいものの創成に立ち向かおうではありませんか。西洋では「還暦のお祝い」という習慣はないようですが、六〇周年のお祝いや象徴がダイヤモンドのようです。三重大学は人財ダイヤモンドの宝庫です。それを見つけ、磨いていくことが大学の使命と考えています。

三重大学発足の歴史を振り返ります。昭和二四年（一九四九年）に国立三重大学として発足しました。それから六〇年が経ちました。三重高等農林学校からの農学部と三重師範学校と三重青年師範学校からの学芸学部の二学部でスタートし、その後学芸学部は教育学部に改称されています。昭和四四年（一九六九年）工学部が設置され、昭和四七年（一九七二年）には三重県立大学の国立移管により医学部と水産学部が加わりました。昭和五八年（一九八三年）に地域の強い要請もあって人文学部が新設されました。昭和六二年（一九八七年）には農学部と水産学部を改組して、新たに生物資源学部ができました。

平成一六年（二〇〇四年）に国立大学が独立行政法人化され、教学に加えて大学の経営が任されることになりました。そして、平成二一年（二〇〇九年）地域イノベーション学研究科が新設され、現在の五学部六研究科となりました。

これまでの伝統をふまえて「三重から世界へ：地域に根ざし、世界に誇れる独自性豊かな教育・研究成果を生み出す。～人と自然の調和・共生の中で～」という三重大学の基本目標を実現していきます。

三重大学の良き伝統は、教員、職員、学生の一体感です。この精神的根源は現在の大学の前身に由来しています。昭和二〇年七月の戦災で大学や病院が焼失したとき、教職員が一体となり数日後には授業再開に漕ぎ着けたと大学史にあります。さらに、戦後大学の設置基準をクリアするため、学生が図書の寄附を求めて先輩の家にお願いに廻ったり、演劇やダンスパーティーで資金集めに協力したともあります。その後もこの素晴らしい伝統は連綿として受け継がれ、幾多の大学の危機を救ってくれました。

三重大学は、教育に力を入れる大学です。考える力、感じる力、コミュニケーション力を通して生きる力を涵養することを教育目標として、その達成のためにいろいろな試みを行ってきました。特に教養教育ではスタートアップセミナーとして課題探求型少人数教育をはじめました。「三重大学は良い学生を育てるなー」と多くの皆さんから評価されるようになることを目指します。

研究では地域の企業との共同研究を積極的に推進しています。平成一九年度は中小企業との共同研究件数は全国三位でした。地域での地盤を確固たるものにしています。基礎研究や応用研究で世界に情報を発信できる研究も多く、何人かの先生は世界的な賞を受賞しています。今後は三重大学としての研究の特色を鮮明にするため、研究テーマを絞って大学を挙げて支援する体制を整備します。

社会貢献についても、県や市の審議会や委員会に多くの先生方が関係していますし、市民への啓発活動も積極的です。日本経済新聞社が調査した平成二一年度「大学の地域貢献度」で全国一四位、国立大学では六位、東海地区で一位と評価され、地域への貢献度の高さが認められています。附属病院は県民から強い信頼を集め、三重県の医療の中心的役割を果たしています。本年度より東海、東南海地震に備えて三重県と共同で防災コーディネーター養成のための「さきもり塾」を立ち上げ、この方面でも強い指導力を発揮しています。

伊勢湾に面しているという優れた立地条件を生かして世界一の環境先進大学を目指し、そのための人財育成、研究、社会貢献に精力的に取り組んでいきます。特に学生達が積極的なのは頼もしいかぎりです。

三重大学への本年度の入学者の四〇％は三重県出身です。愛知、岐阜、静岡の東海四県を合わせると八二％です。まさに地域圏の大学です。これからも地域の皆様に強い信頼をえられる知の拠点としてさらに進化していきましょう。

皆さんが新たな気持ちで二〇一〇年が迎えられることを願っています。

# 国家を考えながら大学を思う

国家の成立や発展を考えるとき三つの「ち」が重要です。それは「地」と「血」と「知」。

まず、アメリカという国家の成立を考える時、「地」への強い思いを感じます。ヨーロッパ各地からの移住者は自らの祖国を断腸の思いで出立し、二度と振り返らないことを誓ったはずです。そして、先祖に思いを馳せるのではなく、自らの子孫に希望を托して東から西へ西へと苦難の道を切り開いていきます。新天地で新しい国を立ち上げる夢を実現するため。従って、この土地に暮らす人がアメリカ人であり、彼らが目指す国家は、個人が自己決定と自己責任のもとに集まる国です。努力した者が勝者であることに何の違和感もない。国民皆保険に反対する人が多くいることにもうなずけます。強い自己責任を有する各州が集合して国家を形成しているのがアメリカ合衆国です。「血」より「地」を基盤とする共同体です。

わが国の成立への過程を考えると、そこには強い「血」のつながりを感じます。一万年以上前の氷河期に日本に渡ってきた人や南方より黒潮にのってたどり着いた海の人がまず住み着いたと考えられます。その後、現在の日本列島になってからも中国大陸や朝鮮半島から定期的に人々が渡来し、既に住み着いていた人々と一緒になって暮らします。そこには日本人という意識も国境という概念も極めて乏しく、大陸や半島の文化を受け入れるのに何の抵抗もなかったと思われます。

七世紀初頭に唐が出現して以来、情勢は一変しました。領土の拡大を目指す唐は、朝鮮半島を支配し、日本列島にも進出を企てます。唐と新羅連合軍に対峙するために団結が必要となり、このとき初めて国や民族ということを意識し、大和政権が誕生します。「血」が結びついた日本国家の成立で、日本民族の誕生です。その反面、海で守られた島国であるため領土意識や「地」に対する意識は強くありません。北方領土、尖閣列島、竹島などの対応をみればよく解ります。

近代国家は「知」と強くむすびついています。近年、科学技術と国の関わりが大きく変化し、科学が純粋に知的好奇心を満たすだけの時代ではなくなり、金儲けの材料となってきています。科学研究は「金のなる木」、そうした認識が科学そのものを変貌させています。企業は収益のため、特許を重視し、研究の成果の公表を避ける傾向が強くなり、秘密主義に陥りやすい。さらに、科学技術の水準は国家の強さを示す大きな指標となり、二一世紀をリードするにふさわしい国としての必須条件となっています。

わが国も科学技術立国を標榜しています。科学技術が日本の産業を活性化し、経済を引っ張る原動力になるとの思いからでしょう。そのため、産官学の連携の強化が求められますが、先般の「事業仕分け」での議論は残念です。科学技術不要論を国民に情報発信するかのような議論は百害あって一利なしです。

科学技術の優位性は日本人の自信や活力にも繋がり、明日への元気を生み出してくれることをわれわれは身をもって経験しています。一九四九年の湯川秀樹博士のノーベル賞受賞は、日本人として初めてであり、このニュースは敗戦・占領下で自信を失っていた日本国民に大きな力を与えてくれました。中間子理論の物理学での重要性はよく理解できないが、世界と対等になれるとの自信を国民に与えてくれた影響力は計りしれません。そのことが、世界のどの国家よりも日本でのノーベル賞の価値を一段と高くしています。

科学は本来国家とは無縁なはずでした。純粋な科学的興味から研究を進めることは、国家戦略とは全く関係なく行われていました。しかし、二〇世紀になって、科学に経済的、産業的価値が見いだされるようになって、国家的プロジェクトで研究が推進され、科学技術で国を引っ張るといった考え方が生じ、強くなっていったのは先に述べた通りです。科学は人類全てのものであることも忘れてはなりません。

三重大学は伊勢湾に面した風光明媚なキャンパスに全学部が集まっています。「地」の

学長室で三重大教育目標を考える

利は大きく、そこで教職員、学生が「知」を求めて切磋琢磨していますが、三重大学人としての意識はと問われると残念ながら十分には答えられません。血としての結びつきはいささか希薄でしょうか。母を慕う気持ちは自然に芽生えるものですが、国家や大学への愛情は教えられなければ生まれません。「三重大学を愛そう」を繰り返し繰り返し発信しなければならないでしょう。そこから新たな三重大学の飛躍が期待されます。

# 危機に瀕する大学

来年度予算の概算要求で各省一〇％削減が求められているのはご存じのとおりです。文部科学省の大学関係の教育、研究に関する予算もしかりです。一〇％削減した一部を「元気な日本復活特別枠」を設定して重点的に配分することになっています。この配分は政策コンテストを実施して優先順位をつけ、その結果をもとに措置するとされています。高等教育の重要性は判っていても、財源不足を理由に他の経済政策と同じ土俵で論じられることになるでしょう。即効性のある政策課題がよく見え、二〇年後の成果である教育、研究課題は色あせて見えるからかもしれません。この国をどの方向に導くかの政治家の見識が問われることになるのでしょう。

国立大学では教育研究の基盤的経費を削減して特別枠としてコンテストに参加する項目として授業料免除枠の拡大、地域医療を担う国立大学附属病院の教育研究機能の充実強化、科学研究費等による若手研究人材の養成、支援経費が含まれています。もし、特別枠要望が認められなければ、奨学金制度の維持が困難となり、経済的に困難な学生の修学ができなくなります。地域医療に対する貢献も縮小せざるをえなくなるでしょう。また、科学研究費も大幅削減となりますので特に若手研究者の研究が難しくなります。本年の科学研究費は二、〇〇〇億円でしたが、来年度の概算要求は一、七五〇億円で、特別枠で三五〇億円を要望しています。この三五〇億円が認められなければ、一二・五％の削減となり、三重大学などの地域圏大学では研究の継続が極めて困難となる学部や講座が続出する可能性があります。大学全体の基盤的経費も大幅削減となるでしょうから、大学としての支援そのものも縮小せざるをえません。現状の大学としての存亡の危機としてとらえなければなりません。

大学人として声を大にして窮状を訴えなければなりませんし、この現状を国民に理解を求め、共に戦ってもらわなければなりません。そのための行動を起こさなければなりません。あらゆる機会を捉えて、地域の人に知ってもらわなければなりません。法人化後、三重大学は地域圏大学として地域の中小企業との連携を強化し、実績を上げ、地域に貢献してきました。県や市町などの行政機関との協力は他県がうらやむほどの関係を築いてきました。また、知の拠点としても公開講座などを通して文化的に地域住民に多くの情報を発信してきました。このような大学の活動が住民の皆さんに十分に理解されてはいないかもしれません。大学としてもマスメディアなどで広報活動に努めますが、一人一人がその意識で地域の人と接することが大切です。

先日ＵＡＥ（アラブ首長国連邦）を訪れる機会がありました。シャルジャ大学と三重大学との包括連携協定締結のためです。シャルジャはＵＡＥの中でアブダビ、ドバイについで三番目に大きな王国で、政策的にはドバイと対照的です。ドバイが経済一辺倒なのに対して、シャルジャはそれに批判的で教育を重視し、世界より優秀な教員を集め、大学の充実を図っています。二〇年後、ＵＡＥの中で、この両王国がどのような位置づけになっているか注目に値します。三重大学の選択が間違っていなかったことが示されるはずです。

一九世紀初頭のドイツ、二〇世紀のアメリカが近代国家の興隆に教育を重視し、成功しました。資源に乏しいわが国がリーマンショック後の日本の再建を、二〇年の視野でもって「人財」の養成に托さなければならないと考えます。一〇〇年の計と言いたいところですが、そんな先を今の人は見ることができません。二〇年先でその後を予測することになります。まずは二〇年後のために今何をすべきかを考えなければなりません。今手に入れるべきものは目の前の豊かさを示すお金や物ではなく、将来への希望ではないでしょうか。

## 大学の生活習慣病

食生活や喫煙、飲酒、運動不足など生活習慣との関係が大きい病気のことを生活習慣病と呼んでいます。生活習慣病と聞くと糖尿病、高血圧、高脂血症が直ぐに思い浮かびますが、がん、骨粗鬆（そしょう）症、認知症なども日常の営みとの関係は深い。成人病は年をとっていくと自然に起きる病気というイメージですが、生活習慣病というと乱れた生活が原因であり、個々人の責任、という感じが強くなります。発病しないようにする第一次予防は生活習慣の改善で、禁煙、節酒、バランスのよい食事や適度な運動などがあげられます。続く第二次予防は、検診で早期発見し、発病しても適切な治療で重症化を予防するように務めなければなりません。

元気で長生きするためには自己努力が重要であることは言うまでもないが、英国の首相であったウインストン・チャーチル氏のように、暴飲、暴食、ヘビースモーカーでも九〇歳の長寿をえる人や健康に特に注意しながら生活を営んでいる人が若くして病に倒れるのをみるとき自己の節制に瞬間的ではあるが疑問が頭をもたげてきます。

大学にも生活習慣病としか思えないものが存在しています。世界的標準から大きく逸脱し、変えなければならないと多くの人たちが考えているがなかなか実行できないのも生活習慣病的です。

まず入学時の年齢です。ほとんどが高校卒業と同時に入学。予備校で一、二年過ごす学生もいるが、社会人の経験はない。昨年の三重大学入学者の社会人は約一四〇〇名中僅か三名、大学院生は五三〇名中六五名です。大学院生は一割強であるがそれでも少ない。実に均一な集団です。大学合格のための受験勉強に集中してきたこの集団に多様性を求めるのには相当な時間を要する。勉強漬けで大学に入り、ホッとしている学生にこれまで以上に勉学に意欲を持ってもらうには教員側に余ほどの努力が求められる。学生の欲しているものと教員が教えようとしている間には大きな乖離も存在する。漫画世代の学生と小説世代の教員との間に共通の認識は乏しい。日本の漫画が世界に発信され、日本を代表する現代文化の一つであることを理解していても、そのことを積極的に講義やゼミに取り入れようと思う教員は少ない。教養は時代とともにあることはそれぞれの個人が感じていることです。私より一、二世代前はカント、西田幾多郎などに代表される哲学書や夏目漱石、森鴎外などの文学に親しむことが教養の原点でした。それが遠藤周作、安部公房、司馬遼太郎、松本清張の小説や羽仁五郎などを読むことにより自らの人生を考え議論した時代を経て、テレビや漫画を通してメディア情報を得て、それらが一瞬の内にインターネットで国内はもとより全世界に発信される社会に的確に対応できることも教養の重要な要素になってきています。現代社会の多様性を考えるとき、多様な学生が一つの学舎で議論することが重要でしょう。その原型を幕末に多くの優秀な人材を輩出した大阪の適塾にみることができます。

第二の悪しき習慣は授業料や生活費のほとんどが親の出資に依っていることです。一家庭での子どもの数が少ない現在では両親は喜んでお金を出してくれる。そのことが大学生活の緊張感を欠くことに繋がっているように思います。授業が一〇分遅れでスタートし、一〇分以上早く終了しても学生は不満を言わない。休講になれば悲しむより嬉しさの方がまさる。その気持ちが教員側にも伝わるから、相互の緊張感が希薄となる。これが自分で貯めた資金で大学に通う社会人学生となると意識がまったく違う。授業料に見合う講義でないと大いに不満となり、そのことをはっきりと教員に伝える。最初は煙たいと思う教員もいるかもしれないが、そのうち緊張感を醸成され真剣で内容のある講義となり、よい循環を生み出す。これは米国の大学と決定的に違うところでしょう。

育英資金を得て大学生活を送る学生もいるが、それでも七、八％の人は返還時期がきてもそれを実行しない。実に嘆かわしいことです。このような現象をみるとき、お金の出所の問題ではなく、本人の意識に帰結するのかもしれません。高等教育を受けた人達で構成される社会は本来極めて道徳的で志の高い社会でなければならないはずです。

あまり勉強しなくても卒業できる大学のシステムが第三の問題です。欧米の大学に比べて学生の勉強量は少ない。特に自宅での学習が著しく少ない。それでもほとんどの学生が卒業できている。大学側も改善のために厳しい課題を学生に与えて進級や卒業のハードルを高くしている。しかし、大量留年者が発生すると教室が不足したり実習ができなくなったりで適正なカリキュラムの実施が困難となる可能性が出てくるのがわが国の現状です。

中央教育審議会の答申を踏まえて文部科学省も大学側に現状の問題点を指摘するし、大学もその改善に積極的に取り組んではいるが、そこには教員不足や施設の不整備などの大きな壁が立ちはだかる。いずれも国家の財源不足のため対応ができていないので実効性に乏しい。

これらの悪しき習慣から抜け出すためには、大学人全員の意識改革が絶対条件ですが、このことが最も難しい命題であることは誰もが感じていることです。大学だけでなく日本、いや世界の現状をみれば納得がいく。

言い訳はいけない。少なくとも大学が意識改革を実行し、生活習慣病から誰よりも先に抜け出さなければならない。ダーウィンの進化論の中にある「強いものや賢いものが生き残るのではなく、変わりうる者だけが生き残る」とのことばを信じて挑戦をしよう。

## 世界一の環境先進大学を目指して

環境報告書二〇〇九の巻頭に学長メッセージを書く機会がありました。その文章を皆様方にお読みいただき、三重大学がいかに環境に力を入れているかをわかってほしいと考え、報告書と全く同じではありませんが、その主旨を禿鬢通信とします。

**バランス社会構築に向けて大学のリーダーシップが求められています。**

地球の歴史がはじまって以来、自然災害により環境は破壊され続けてきたが、それは必ず地球自らの力で回復してきました。しかし、二〇世紀の大量生産、大量消費、大量廃棄による自然破壊は地球がこれまで経験したことがないものでした。また、破壊の程度の激甚さも想像を絶するものでしょう。人間の身体にたとえれば、心臓、肝臓、腎臓が機能不全状態に陥りつつある状態と考えられるでしょう。機能不全にならないと症状を現しませんので、そのことに気づかないまま放置されます。当然のことながら治療も始まりません。現在の地球はこのような状態です。

この状況を作り出している社会体制から早急に決別をしなければ、私たちの子孫に受け継いでもらえる持続可能な社会は作れません。そうとわかっていながら、二一世紀も激しい資源争奪戦で幕を開けました。残念なことです。回復不能な危険水域が目前に迫っている、いや領域によっては既にその域値を越えていることをわれわれは深刻に受け止めなければなりません。

自然環境が美しく調和循環する持続可能な社会を構築するためには、この世紀をバランスに満ちあふれた時代としなければなりません。技術や資源と環境との「バランス」、社会と経済の「バランス」、政府の統制と市場の自由の「バランス」、物質生活と精神生活の「バランス」です。このバランス社会への変革に私たち大学の果たす役割は非常に大きなものと認識しています。大学の使命である教育、研究から生まれる環境負荷を自らの努力で軽減することはもちろん、人々の生活や産業での負荷軽減にも貢献しなければなりません。そのため、積極的にリーダーシップを発揮していくことが三重大学の使命と考えています。

**学内外で3R活動を展開し、低炭素社会構築にリーダーシップを発揮します。**

地球温暖化防止のための科学技術や社会システムの教育研究を推進するとともに、学内外の3R（Reduce, Reuse, Recycle）活動や炭酸ガス削減活動に積極的に取り組みます。

二一世紀の環境に優しい新しいコンセプトのバランスを三重大学で作り上げるために、強いリーダーシップを発揮します。大学でそのことを実現することは地域社会全体に還元できるものと確信しています。そして、三重大学がある町、津市で低炭素社会を構築し、その輪を三重県全体に拡大し、その形成過程を日本、世界へと発信します。

**環境人財を養成します。**

環境への過度の負荷が複雑系の地球の再生能力を失わせ、持続可能な社会が破壊されることを十分に理解し、その防止に努め、資源循環型社会に向けた資源の有効利用を考える「環境人財」を養成します。環境に関する教育体制の充実、リサーチセンターの設立には大学を挙げて支援体制を作り上げます。そして、三重大学で育った環境マインドを持った人財が教育、研究の現場で環境についての先駆的教育プログラムや技術の開発に専心できるように、彼らの周辺環境の整備に努めます。

**知の拠点として市民と共に成長し続ける大学となります。**

われわれがこの地球で生きるということは、自然と人類が共生することです。三重大学を巣立った環境人財の一部の人は環境コーディネーターとして地域で活躍します。環境に関する知識や技術を地域社会の人々に伝え、共有することにより環境コミュニティーを形成します。また、ある人は企業の中で活躍します。そして、産官学民が一体となった三重大学環境塾である知の拠点を作ります。その活動の中心は三重大学です。市民に開かれた三重大学キャンパスパークで市民が主役のシンポジウムを開きます。

共通教育を語る会で学生たちと

**三重大学の経営の中で、環境は最優先事項です。**

これまで三重大学は環境先進大学として、環境負荷低減に積極的に取り組んできました。エコバック、再生紙トイレットパーパー、放置自転車の再生利用など学内三R運動を最優先課題として徹底してきました。白砂青松の海辺に建ち、空の翠、波の翠、木々の翠に囲まれ豊かな自然の中にある三重大学の経営の根幹に環境があることを高らかに宣言し、学内はもとより地域をリードします。

# 二〇一〇年の年頭に際して

二〇一〇年が明けました。皆様おめでとうございます。

本年三月で法人化後六年が経過し、第一期の中期目標・計画期間が終わります。評価についてはいくつかの改善点の指摘はありましたが、全般的には良好でした。そして四月よりは第二期中期がはじまり、第一期の成果を踏まえて新しい取り組みが求められます。具体的な目標・計画は四月以降にお示ししますが、まずは教職員全員が大学人としての意識を今以上に高めなければなりません。

大学でなされている教育・研究の社会との連携が強く求められています。現代科学のみなもとは古代ギリシャの哲学であることを考えると、古代ギリシャ時代への学問研究の構造的回帰をするべき時です。哲人ソクラテスは多くの若者達とアグラ（広場）で酒を酌み交わしながら学問を語り合ったといわれています。それがまさに市民との情報交換となり、学問の面白さや重要性を共有することができ、飛躍的な学問の発展につながりました。そのことは大学の教職員のアカウンタビリティー（説明責任）の重要性をわれわれに教えてくれます。社会への説明や知識の共有が学問研究に含まれることを認識しなければなりません。

近代の大学の礎となったベルリン大学がフンボルトらにより創設されて二〇〇年になります。設立時の大学の理念は「孤独と自由」と「研究と教育（教授）の統一」でした。「孤独と自由」は学校や実践的な知識を教えるところから大学を切り離し、自由に研究することを推進し、そこに国家が介入しないとしています。その一方で、大学の持続的発展を促すことが国家の役割であるといっています。そして、学問を研究することで人格が形成され、「人財」の育成につながるとしています。その後、「孤独と自由」の一面のみが強調されすぎたために社会と隔絶した象牙の塔と行き過ぎた大学の自治が作り上げられたことはご承知の通りです。しかし、学問の中では何にも縛られない自由な研究は科学の発展には不可欠です。自由な研究と先に述べた社会との連携や説明責任が整合性の上に成り立たないはずはありません。自由な基礎研究が直ちに応用研究に結びつくわけではありません。基礎研究の意義と応用研究の重要性のバランスを取りながら大学は進歩しなければなりません。

「研究と教育の統一」は現在でも生きていると思います。豊富な経験や知識を有しているが、それに偏りがみられ、行動力や活力に低下がみられる教授と未熟だが偏っておらず活力のある学生が、一緒になって課題に取り組むことで、相乗効果を醸成することが大学の使命と考えています。大学がユニバーサル化している現在では、学部教育でこのことを実現するには困難を伴うでしょうが、大学院教育では是非とも可能にして欲しいと願っています。

持続発展教育（ESD）プログラム修了式

今年は寅年です。寅は十二支で最も慣用句の多い動物です。「虎は千里往って、千里還る」「寅に翼」「虎穴に入らずんば虎子を得ず」など刺激的で威勢の良い言葉が多くあります。二〇一〇年は前進あるのみです。しかし、「張り子の寅」「虎の威を借りる」などの戒めの言葉があることに注意し、歩みを止めないようにしましょう。

三重大学の佳き伝統は教職員、学生が一体となることです。この強い結束力で三重大学を良くしていこうではありませんか。

# 二〇一〇年を振り返る

早くも師走を迎えました。あっという間の一年間でした。子どもの頃は早く大人になりたい、学生時代は早く職業人として自立したい、駆け出しの医師の頃は早く良医になりたいと願ったものでした。しかし、六〇歳を過ぎると時間はゆっくりと流れてほしい、この一年をじっくりと過ごしたいとの思いが強くなりますが、その思いとは反対に急流の中に翻弄されているのではとの感じが強くなる今日この頃です。

この一年を振り返ります。

教職員・学生が一体となっての持続可能な社会の構築への取り組みが評価されたことは朗報でした。六月には「第八回日本環境経営大賞」環境経営部門の最優秀賞である「環境経営パール大賞」を受賞、一一月にはエコ大学ランキング第一位に評価されました。「世界一の環境先進大学を目指して」を目標に、環境教育プログラムによる環境人財の育成、アジア太平洋環境コンソーシアムの構築、環境ISO学生委員会の活動などが高く評価された結果で、法人化直後からの地道な努力が報われました。今後、環境整備を一層充実するためにカーボンフリー大学やスマートキャンパス構想を提案しました。そのために七月にはカーボンフリー大学推進室を立ち上げ、これまでの環境ＩＳＯ推進室とともに環境政策推進の中核として機能させることにしました。

名古屋で開催されたＣＯＰ10のパートナーシップ事業としてのＣＯＰ10 in 三重 も注目されました。アジアを中心として六カ国から多くの子どもや青年が伊勢湾や三重の里山で実習をしながら環境について話し合いました。最後に参加者の感想を聞きましたが、輝いた目でこれからの取り組みを真剣に語ってくれました。大きな成果があったと確信しました。これらの牽引役を務めてくれた朴恵淑学長補佐の超人的な努力には敬意を表します。

電気推進機能を有する環境に優しい三重大学練習船「勢水丸」がシップ・オブ・ザ・イヤー二〇〇九部門賞に選ばれたのも嬉しい出来事でした。船長はじめ乗組員の取り組みの賜と感謝します。

南アフリカで開催されたＦＩＦＡワールドカップでの日本チームの活躍は見事でした。多くの人が寝不足になりながらも日本チームに声援を送りました。その活躍を裏方で支えたのが教育学部の杉田正明教授でした。高地（低酸素）トレーニングの専門家としてチームに帯同し、選手の筋力アップや耐久性の向上に大きく貢献しました。そのことが岡田監督や選手達に深く感謝され、今回の躍進に繋がったと評価されました。その報道が広がることで、三重大学の大きな情報発信となりました。

防災・減災コーディネーター養成のための「美し国おこし・三重さきもり塾」が四月に開塾しました。近い将来に東海、東南海、南海地震が予想される中、地域社会防災・減災システムの構築は地域住民、行政が一体となった取り組みが重要です。そのために大きく貢献してくれる塾だと思っています。塾生達がこのシステム作りの中核となってくれるはずです。副学長の畑中塾長の活躍を期待しています。

その他、心に止まることはたくさんあります。その僅かしか記すことができないことをお詫びします。

今年の海外出張の感想を述べておきます。ベルリンの在ドイツ大使館で三重大学、三重県、ＪＡ三重共同で三重物産展を開催しました。この催しが実現できたのは学長補佐の西村訓弘教授の努力と鈴木宏治理事の友人である神余隆弘ドイツ特命全権大使の好意によるものでした。食事の時の大使の言葉が胸に刺さりました。「ヨーロッパで日本の存在感が薄れ、普通の国になってきている。」公職の大使とは違って夫人の言葉はさらに辛辣です。「今回の尖閣列島事件では各国の大使夫人などからお気の毒ですねとしきりに同情されました。寂しいやら情けないやら。」しかし、「ヨーロッパの人の多くが日本の文化には興味を抱き、高い敬意を表している。」とのことでした。政治や経済の落ち込みが激しい中、日本文化の情報発信に活路を見いださなければならないでしょう。大学の果たす役割には大きいものがあります。

ベルリンからUAEのドバイ、シャルジャに向かいました。一一月の初めというのに何と暑いことか。外を歩いている人は疎らで、まして仕事をしている人はほとんど見かけません。クーラーが強烈に効いている巨大なビル群の中で仕事や遊び、ショッピングをしているようです。ふんだんに石油を使っての電力の供給は十分とのこと。ちなみにガソリンはハイオクで一リッター三〇円、日本の五分の一です。自動車が溢れ交通渋滞と大気汚染と暑さで息苦しく、夕方や夜でも暑い。この砂上の楼閣は石油の枯渇とともに砂に消え去る予感がしますが、この国の人はそれを恐れているようにはみえません。全てはアラーの神の思し召しで、「いつでも遊牧民に返ればよいさ」と思って生活をしているのでは？

ドバイの金儲け主義は徹底しています。外国からのお客さんには全てが高価格です。ショッピングモールには高級ブランド店が旅行客を待ちかまえています。ドバイ発の深夜便が世界に向けて目白押しのため、深夜にもかかわらず空港は大混雑。夜中の便に搭乗するため、ホテルには余分に一泊分を支払わなければなりません。空港では夜食を取ることになり、レストランは満席。搭乗すると満腹のため、睡魔に負けて食事はパスすることになります。航空会社も空港も収益が上がることでしょう。この徹底振りには感心します。

やるなら徹底せよの言葉は生きています。

一方、隣国シャルジャ（三重大学と連携をしているのはシャルジャ大学）は教育に力を注いでいるようです。集まった資金を大学建設に投資しています。指導層のほとんどを外国からの人材に依存している現状の打破をねらっています。二〇年後を見据えた政策です。今は苦しくとも将来に繋がる国造りが求められています。大学も同じだと思っています。

二〇一一年の飛躍のために今年を振り返りましょう。

## 二〇一三年の年頭に際して

昨年の暮れに政権が交代しました。新政権の最重要課題は経済再生に向けた野心的な成長戦略を策定することです。これに異論をはさむつもりはありませんが、現在のわが国は、経済的豊かさの一つの指標である一人あたりのＧＤＰは都市国家と産油国を除くとアメリカ、カナダ、オーストラリアと肩を並べるところにあります。韓国の二・五倍、中国の一〇倍ですので、既に経済的には十分に豊かでしょう。それが、これからどんどん右肩上がりになっていくとは考えにくいでしょう。雇用を確保する戦略は取らなければならないでしょうが、いかに社会を成熟させるかということ、つまり「成長戦略」より「成熟戦略」の方が大切ではないでしょうか。自虐的になりすぎずに、「社会が大人になる」ために大学としての役割があると思っています。高等教育を受けた人は極めて健康的で道徳的であり、社会の模範となることを示す必要があります。そのためには、大学も変わらなければなりません。自らの存在を地域はもとより日本、世界に明確にすることが求められています。その意識改革は急がなければ国民の賛同は得られないでしょう。

本年度の最大の課題は教養教育の改革と充実を実現するための組織とカリキュラムを整

備することです。カリキュラム等検討委員会の答申を基にして新たな取り組みを推進します。基本的には、社会人としての常識と学びの習慣を、学生がいかに認識するかが重要となります。組織の改革となりますと、総論賛成、各論反対となりがちですが、議論を重ねながら、最終的にはトップダウンで進めていかざるを得ないかもしれません。教職員学生の協力はもちろんですが、国民の皆さんのご支援も必要ですので、よろしくお願いします。

研究での地域連携は重要です。地域のニーズと大学の持つシーズを結び付け、成果を上げるためには相互の緊密なネットワークが必要です。そのための努力を惜しんではならないでしょう。世界的にも注目される研究も推進しなければなりません。われわれの大学規模では大きな大学と人財や予算の面で同じようにはいきません。三重大学のそれぞれの学部は世界で評価される研究を行っていますので、そこに集約化をする努力をしましょう。

三重大学は、これまで社会連携を積極的に推進し、行政、産業界や県民から高い評価を受けていると認識しています。センター・オブ・コミュニティ（ＣＯＣ）としての機能を十分発揮できるよう、地域戦略センター、社会連携研究センター、地域イノベーション学研究科を拠点として、地域の中で三重大学の存在感をこれまで以上に高めていきます。「三重大学は頼りになるな〜」と皆さんから言われるようになることを夢見ています。

三重大学は、世界一の環境先進大学を目指して、これまで様々な取り組みをしてきました。特にスマート・キャンパス実証事業は、昨年の暮れより本格的にスタートし、今年の前半には、予定している施設の大半が完成します。まずは、これからの二年間で円滑な稼働を実現し、そのあと約一五年かけて効率的エネルギーマネージメントシステムの実証と大幅なCO2の削減を実現します。それが、大学全体の情報発信や経営基盤の強化にもつながっていくだけでなく、日本社会のモデルとなることを目指します。

大学のグローバル化とそのための人材養成を実現しなければなりません。そのためには、グローバル・スタンダードつまり世界の標準が通じるような学内にしなければならないでしょう。これまで以上に世界の留学生が集い、日本人学生との会話が英語でできるようなってほしいと願っています。若者の内向き志向が懸念されていますが、私は二極化していると考えています。三重大学には明朗活発で実に生き生きとした学生が多くいます。そんな学生の力を伸ばし、サポート・指導していくことで、一部の内向き思考の学生も積極性をもってもらえるような流れにできるのではないでしょうか。

今年は巳年です。十干を加えると癸巳（きし）になります。ヘビというと、現代のわれわれはあまり良い印象を持っていませんが、脱皮を繰り返すため生命のみなぎる動物として、神話の世界では神聖な動物として位置づけられています。丁度六〇年前の癸巳の年は、科学史の変革を起こしたジェームズ・ワトソン、フランシス・クリックがＤＮＡの二重らせん構造を発表した年になります。ワトソンはギリシャ神話の医神アスクレピオスのことを当然知っていたでしょう。彼がゼウスの怒りを買いへびつかい座となったことにより、医学のシンボルがヘビの巻きついた杖になりました。二重らせんはヘビが二匹絡まっていた像と非常によく似ていますので、発想の原点はそのあたりにあるのかもしれません。その上にワトソンは東洋での巳年のことを知っていて、二重らせん構造を思いついたのでは?と勝手に想像していますが、これは飛躍しすぎですね。今年は科学にとって大きな躍進の年になると期待しています。

本年の皆さんのますますの活躍を期待しております。

# 今年を振り返る──二〇一三年

高知県四万十市でこれまでの国内最高気温を更新し四一・〇度を記録するなど各地で記録的な猛暑となった今夏でした。一方、東北地方では梅雨明けが遅れ、八月になっても雨の多い日が続きました。一時間に一〇〇㎜を超える局地的な豪雨（ゲリラ豪雨）により、洪水や土砂崩れの被害が多発し、不安定な大気の状態が竜巻を引き起こし、各地に被害をもたらしたこともこれまでの記憶にないことでした。少し地球の健康状態が悪かったのかもしれませんが、重症にならないための手当を地球人は考えなければならないのかもしれません。

年末になると今年の十大ニュースなるものが報道機関を中心に発表されるのが恒例です。三重大学での出来事を振り返ってみます。

三月には附属図書館のリニューアルが完成し、既に出来上がっていた環境・情報科学館との連絡路もでき、学生の学習環境や教員の研究環境が大きく改善しました。そしてこの一角が大学のラーニング・コモンズとして機能しています。特に学生からすれば、教育を受けるだけではなく、「自ら学ぶ」ことを実行できます。複数の学生が集まって、電子情報も印刷物も含めた様々な媒介から得られる情報を用いて議論を進めていく学習スタイルを可能にする「場」を提供し、学生の自学自習を支援することになります。

五月には津市出身でオリンピック三連覇の偉業を成し遂げた女子レスリングの吉田沙保里さんに、三重大学で学生たちに語りかけてもらいました。私と教育学部の杉田正明教授との鼎談形式でしたが、彼女の明るく自信に満ち溢れた話に学生たちは感銘を受けました。「今しかできないこと、今できることに全力で取り組む」「チャレンジし、それを継続すればきっと変化がわかる」など名言です。

八月にはアメリカ合衆国のハーバード、インディアナ、カリフォルニアの各大学を訪問し研究の打合せを行い、三重大学国際バイオエンジニアリング教育研究センターの立ち上げを企画しました。その後、ブラジルサンパウロに向かいサンパウロ大学との大学間連携協定を締結することができました。ブラジルには三重大学農学部（現生物資源学部の前身）の卒業生が昭和三〇―四〇年代に約二〇名移民し、現地で成功を収めています。滞在中の一日、ご家族を含めて約六〇名が南米三重大学同窓会を開催し、われわれ一行を大歓迎してくれました。彼らの今後ますますの活躍を祈っています。（この詳細は学長通信二〇一三年九月に掲載）　サンパウロからペルーのリマに移動し、ラ・モリーナ農業大学と連携協定を締結し、今後学生や教員の交流を活発にしたいと思っています。以前は日本とペルーの関係は緊密でしたが、最近は中国や韓国に押されているようですのでこれを機会に昔を取り戻せたら良いですね。

二月よりスマートキャンパス実証事業が本格的にスタートしました。風力発電、太陽光発電、ガスコージェネレーション（ガスで発電すると同時に、廃熱を給湯や空調、蒸気などの形で有効に活用する方法で、クリーンな都市ガスを利用するので環境性に優れているほか、省エネ性にも優れている）での発電、大型蓄電装置、節電機器により効率的なエネルギーマネジメントシステムを作りました。それにより、電力使用の抑制、炭酸ガス排出を約二五％減少させることができました。個人の努力を見える化したエコポイント制を導入し、みなさんの活動への興味と積極性を促しています。これらの教職員学生上げての取り組みが評価され、第二二回地球環境大賞文部科学大臣賞や第一四回中部の未来創造大賞を受賞、さらにはエコ大学総合一位となりました。世界一の環境先進大学へと着々と整備が進んでいます。

一一月には「男女がいきいきと働いている企業」として三重県知事表彰を受けました。大学教員での女性の比率は現在一五％ですが、毎年増加傾向にあります。職員の比率は六三％が女性で、この数には看護師さんも含まれてはいますが、女性がいきいきと活躍する職場であることは事実です。執行部に一名、事務部の課長以上に四名の女性がいるのも頼

勢水丸内でSSCの高校生たちと

もしい。
　教員による多くの研究業績が発表され、その一部はマスメディアに報じられ注目を集めましたが、一教員による論文のデータ改ざんが発覚して、懲戒処分となったのは残念でした。研究倫理について全ての教員が見つめ直す必要に迫られています。
「差し引いても　善きことが残る　巳年かな」でしょうか。
　千里をかける馬のごとく走り抜く二〇一四年に。

## バランスのすすめ

ＦＤ（Faculty Development）とは大学教員の教育能力を高めるための実践的方法のことで、三重大学でも積極的にその取り組みを推進しています。しかし、残念なことにそれに無関心であったり、中には拒否反応を示す教員もいるようです。先日、ある学部の中堅の教員（准教授）に「ＦＤ」って何ですかと聞かれたのにはさすがの私もショックを受けました。

ＦＤの最初は大学教員が研究を進める目的でサバティカルリーブ（米国等で行われている大学教員の長期有給休暇制度）をとることにあったとされています。その当時の大学教員は教育に熱心なあまり研究が疎かになっていたため、研究力強化が目的でＦＤがスタートしました。現在はその反対でしょうか。大学教員は研究者としての自覚は十分ですが、教員としての意識が薄れてきています。そのため現在のＦＤは教員の教育力向上のために行われているのがほとんどです。そこでは標準的教育の大切さが強調されています。確かに平均的な専門的職業人を養成するために必要な教育の方法論を教員や指導者に知ってもらうことは重要です。優しく接しながら若者にやる気を起こさせなければならないことが指導者講習会で繰り返し教えられます。何か洗脳されているような気がしますが、不思議なものでそれなりの充実感もあります。

私が若いころは先輩の背中をみて育ってきたように思います。臨床現場では叱られるばかりで褒められることはまずありませんでした。過酷なまでの多くの課題をこなしながら成長してきました。どちらの方法も大切でしょう。専門的職業人の養成に加えて、研究や組織の指導的役割を果たす真のエリートを育てるための教育が存在しなければならないでしょう。対立軸の存在とバランスを重視しなければなりません。

わが国の近代医学の発展について考えてみます。

明治になって国家戦略としてドイツ医学が導入されます。その時、佐賀藩出身の医学者である相良知安が大きな役割を果たします。知安は明治二年に政府の〝医学取り調べご用掛〟に任命され、日本の医学を指導してくれる国を選択することになります。当時の状況は、会津の戊申戦争で献身的な働きをしたイギリス人医師ウイリアム・ウイルスに日本の将来を任せることにほとんど決まっていました。当然イギリス医学の導入となるはずでした。しかし、知安は反撃に出ます。ドイツ医学の優秀さを訴え、結果的には、指導国をドイツに切り替えさせることに成功します。その後、初代医務局長として医療制度の基盤を作ります。しかし、政変で失脚し、不遇な最後を迎えます。この経緯は篠田達明著の小説

「白い激流」に詳しく記されています。

当時のヨーロッパの医学はオランダとイギリスがリードします。病院での実践医学が飛躍的に進歩します。乗り遅れたドイツは新しい展開に活路を見いだします。病院での実践医学とは別の医学体系として〝研究室実験医学〟を構築します。当時のドイツ医学指導者の一人のルドルフ・ウィルヒョウは「細胞は細胞から生まれる」という考え方をもとに「細胞病理学」の基盤を構築し、がんや炎症の基礎的概念を確立します。ロベルト・コッホの努力が細菌学を発展させたのもこの時期で、感染症研究が医学の中心的な学問分野となります。当時、日の出の勢いにあったドイツ医学の評判に魅せられたのが日本だったのです。その後、北里柴三郎、志賀潔、江口襄など多くの俊英がドイツに留学し、細菌学研究などに貢献したことはご存じのとおりです。江口襄先生は伊勢にある山田日赤病院（現在は伊勢日赤病院と名称変更）の初代院長です。一九〇八年（明治四一年）に北里柴三郎先生の招きでコッホ先生は来日し、その時に伊勢の神宮を参詣し、日赤病院も訪れています。

アメリカは臨床医学に注目し、多くの留学生をヨーロッパに送り込み、病院実践医学の種をまきます。また、ドイツ医学にも関心を示し留学生を派遣し、「実験医学」をも育てます。それからのアメリカ医学は、病院実践医学と実験医学、すなわち臨床と基礎医学とがバランスよく混ざり合った医学を創生していきます。アメリカ経済の驚異的な発展も相俟って、その後の医学・医療はアメリカを中心として展開していくことになります。

歴史に「もし」はありませんが、相良知安の活躍がなく、そのままイギリス医学が取り入れられていたら現在の医学医療とは大きく異なっていたでしょう。今われわれが直面している医療問題の多くがこれまでの臨床医学軽視に起因していることを考えるとき複雑な思いです。臨床医学に軸足をおいた病院実践医学的な教育環境の整備の遅れが良医を養成することをおろそかにし、研究業績重視の名ばかりの名医（迷医？）を尊重する風土となったことは不幸な歴史でしょう。このことは医学教育だけでなく大学教育全体にも当てはまり、明治以降のわが国の思考における対立軸の欠如に行きつきます。

二一世紀はバランスの時代です。技術や資源と環境との「バランス」、社会と個人の「バランス」、政府の統制と市場の自由の「バランス」、物質生活と精神生活の「バランス」。このバランス社会への変革に三重大学が積極的に取り組み、先駆的な情報発信をしましょう。

# 第二章　自己変容型知性を目指して

# 学生に伝えておきたいこと

大学生や大学院生として「学びの習慣」に一層磨きをかけ、着実に研究を遂行し、大きな成果をあげるために参考になればと思って、今年の入学式で話したことの要旨を記します。

一つは自信についてです。自信の有無がいかに人々の行動や成績を左右しうるかは、数々の実証的研究によって証明されています。「意志決定能力は実践を通して磨かれるスキルであり、懸命にものごとに取り組むほど、人はさらにこの能力が高まる」と信じている人は自らチャレンジングな目標を掲げ続け、優れた課題解決の戦略を駆使して、クラス、サークル、研究室はもちろん大学全体の活動力を高めるでしょう。自信を持ち、どんな難しい課題であっても、それに対処する能力があると信じることは、継続的な努力を促し、持続するために不可欠なものです。自信をつけるということは「成功することができる」という信念を持たなければなりません。

次は真の情報交換についてです。情報ネットワークへの依存度が益々高くなってきています。ネット上のつながりが自動的に大きな信頼を生むのだと信じたい誘惑に駆られます。しかし、携帯電話やパソコンのキーをたたくだけで、よりよい人間関係を築くことはできません。バーチャルな信頼関係などというものはありません。人間が人間として進化した基盤は信頼のできるコミュニティーを形成したことにあります。顔を合わせてコミュニケーションを図り、情報交換や議論をすることが、真の感性や知識の伝達となり、学びや研究を大いに進めることにつながることを認識して下さい。技術革新の利点と人付き合いの社会規範とを結びつけたバランスが重要です。

独創性と実行力も大切です。江戸時代にほぼ六〇年周期で爆発的ブームを巻き起こしたのが伊勢への「おかげ参り」です。およそ二〇〇年前の一八三〇年には当時の日本の総人口の六分の一以上の人々が半年間で伊勢の神宮を訪れたとの記録もあります。集客力は現在の万博をしのぐものです。歩くことが主な移動手段であった時代のことです。この驚異的な旅行ブームを仕掛け、それを可能にしたのは伊勢人の独創的な発想と行動力です。宅配便、旅行クーポン券、団体割引や宿の予約システムなど現代の旅行代理店の原型を生み出しました。素晴らしい独創性を有している三重県の特性を再び三重大学で花を咲かせて下さい。それを教育、研究で生かす努力を重ねれば、「地域のイノベーション」を推進できる「人財」が養成でき、「三重大は良い大学院生を輩出するな～」と社会から高く評価されるようになるでしょう。

他国の研究者と積極的に交流をして下さい。現在、日本はアジア諸国から多くの留学生を受け入れ、国際交流を活発に展開していますが、日本の若者が海外を目指す比率が低下しています。日本人の留学生数は二〇〇三年の約一一万三六〇〇人をピークに徐々に減少し、二〇〇七年には一〇万四〇〇〇人と一万人近く少なくなってきています。減少の理由は明確ではありませんが、少子化や不景気による経済的理由に加え、若者の内向き志向などが影響していると考えられます。

海外での発表や留学を前向きに考えて下さい。自らの立つ位置が明確になり、学問や研究への意欲が高揚するでしょう。三重大学はみなさんを支えますので、海外に飛躍してください。

過去を振り返ることは生産的でないとの意見があります。しかし、現代の科学技術は、過去の多くの失敗と成功の蓄積の上に築き上げられてきています。これらを改めて検証し、その結果を進歩の原動力にすることは必要でしょう。賢い生き物は決して失敗を繰り返さないようにみえます。過去をしっかり見直していないため、時には同じ過ちを繰り返している政治や経済の世界を見るにつけ、科学技術は同じことをしてはならないと痛切に感じます。過去から得る教訓で、未来を拓く展望を持つことが求められます。

大学や大学院での皆さんの生活が楽しく、充実したものであることを信じています。将

活躍する教員たち

来へつながっていく稔り多い成果を期待しています。

## 私たちは変わります

「私たちは変わります」が今回のメッセージです。病院関係者は記憶に残っていると思います。六年前に病院機能評価を受けるに当たっての標語がこの言葉でした。それが書かれたピンクのワッペンを胸に着け、診療や病院業務に従事しました。おおむね良好な評価でしたが、中には「何がどのように変わるの」と皮肉混じりで揶揄されることもありました。ショッキングピンクで色鮮やかでしたので、熟年男性には少し気恥ずかしさもありました。しかし、共通の認識を持つことや外部への情報発信には大いに役立ったと憶えています。

個人や組織は常に自らの力で変革を遂げなければなりません。そのために必要なことを考えてみましょう。ちょっと大げさかもしれませんがローマを参考にするとわかりやすいのではと思います。ローマはアテネの教訓として「一人の人間の力量に頼る社会は危ない」と考えました。そのため平民からも優れた人材を集めて、元老院を中心とした統治体制の中でそれらの人材を活用していくやり方を取りました。大学などの既存の組織においての運営は学長一人に依存するのではなく共通の認識を持った大学人によってなされるべきでしょう。大学という組織が衰退するのは、人財が払底するのではなく、その人財を活用するメカニズムが狂ってくるからでしょう。絶えず人財を生かすことを議論しながら、間違いを犯さない運営を図らなければなりません。まずは教職員、学生が三重大学に共通の認識を持つことを形成することから取り組みましょう。

次は優先順位を考えることでしょう。問題のあり方が分かったとしても、複数の問題を同時に解決できるわけではありません。しかし、人は時として、それらを同時に解決しようと焦って失敗したり、あるいは最初に片づけるべき問題を後回しにしたため、かえって状況を混乱に導いたりすることはしばしば経験することです。鳩山前総理大臣の間違いはここに起因していたのでしょう。たとえ時間がかかろうとも、一つ一つの課題を優先順位に従ってクリアしていくことで確実にゴールにたどり着くことができるはずです。ローマはこのことを着実に実践し、栄光を築き上げました。

大学人にとって運命共同体としての意識も重要です。特に、法人化後はこのことが強く求められています。主要幹線三七五本、全長八万キロにも及ぶローマ街道は各地との文化の交流を促進し、軍事面以外でも敗者を同化する役割も努めました。同じ古代帝国であった中国にも街道が存在していましたが、それを張り巡らせるよりも万里の長城のような強大な防壁の建設にエネルギーを注ぎました。人の往来を絶つ防壁と人の往来を促進する街道と両者の生き方は全く違いました。そして、ローマ街道網はパクスロマーナ、ローマの平和につながりました。このことは各学部や研究科の密接な連携の重要性を教えてくれています。人事交流はもとより研究を共有することを積極的に推進しなければなりません。そのことが大学運営を円滑にし、新たな展開を生むと信じます。

運命共同体としての組織運営であるにしても、やはりそのリーダーは最も重要でありす。リーダーの条件として人を率いる才能と同時に人に慕われる才能を持っていなければ、周囲はリーダーとして認めないでしょう。たとえ苦い現実を語っても、教職員が逆に元気が与えられ、明日への希望をえた気分になる話ができるリーダーが求められていまうす。私自身そのようになるように精進を重ねますのでよろしくご協力お願いします。さらに、次代に向かって、地域のイノベーションをリードする人財を育てていきたいと考えています。

三重大学を強く意識して情報発信をしてくれている教職員、学生が多くいます。三重大学の学生は温和しいと評価する向きもありますが、なかなかどうして積極的に自らの変身に取り組んでいるグループもたくさんあります。環境ISO学生委員会、ユネスコクラブ、献血推進サークル、テーブルフォーツーサークル、ロボコンクラブ、かめっぷり、BBS、応援団などあげ出すときりがありません。(これ以外にも多くのサークルが活躍し

活躍する教員たち

てくれています）　週末に大学内を回ると、至るところで学生達の元気な声が響き渡っています。運動部、文化サークルともに練習の成果を発揮して欲しいと願っています。その活躍が三重大学何々クラブとして新聞、テレビやネットで踊ることを夢みています。

## 大学祭と学生気質―最新事情

一一月は大学祭の季節です。学生はその準備に大わらわ、参加者はワクワクどきどきの期待が一杯です。東日本大震災の被災地でもお祭りが出来た所ほど復興が進んでいるとの報道がなされています。私自身も大学生の六年間は阿波踊りを踊り続けました。ほとんどの大学連の踊る阿呆はわれを忘れてお囃子の中で陶酔の境地にありますので、桟敷席の見る阿呆にとっては見苦しいかぎりかもしれません。そして、この時ほど阿波女が美しく見えるときはありません。踊りに熱中して輝いているのが一番の要素ですが、「夜目、遠目、傘の内」が加わるのですから余計にです。「讃岐男に阿波女」と古くから言われているのは、男も女も外観は決して良くはないが、実に働き者であることを意味しています。そういえば妻を筆頭にわたしの周りの阿波女は典型例のようです。

「祭り」とは「祀る」に由来するため、本来は神様を祀ることのようです。わが国では古くから祭祀と政治を司るものが同じである祭政一致が長く続いたため、政治のことを「まつりごと」と表現することがあります。三重大学祭の祭祀は実態はありませんが三重大学への愛校心であって欲しいと願っています。

一〇月中旬に、三重大学の大学祭実行委員の学生達約五〇人と学務部の企画で懇談しました。学長や副学長の激励の意味も含まれていました。その大半は学部の三年生と二年生です。今年が六二回の大学祭であるから、創立以来連綿と続いていることになります。素晴らしいことです。先輩から後輩へ受け継がれた伝統の重みを感じ、それを支えてきた皆さんの努力に心より敬意を表します。

大学祭も年々洗練されてきているように感じます。企画は現代風となり、近隣の小、中、高校生が多く参加してくれているのは嬉しいかぎりです。模擬店は国際色豊かで、ベトナム、タイ、中国、韓国料理なども楽しむことができます。食感や味もなかなかのものです。ただ、脂肪と砂糖にまみれた食べ物は私ら中年以降にとっては危険が一杯ですが、催し物などの洗練度も高く、大いに楽しめます。

実行委員会の学生諸君が部門毎に今回の目玉やこれまでの苦労話を懇親会で披露してくれました。ほとんどの学生が上手に纏めて、わかりやすく説明してくれました。寄附集めや各種コンテストの参加者募集に苦労しているようですが、学生が自ら行動し、それを多くの人の前で堂々と発表出来ることに頼もしく思いました。何かあると直ぐに「今の若者は、学生は」と非難しがちですが、これは古今東西変わらない古い世代の若者への「やっかみ」の言葉であることが多いようです。三重大学の学生の多くが実に逞しく成長しているのが実感です。彼らの話の中で、多くの学生が大学や学長の支援に対して感謝していること、また、迷惑をかけて申し訳ないとその気の使いようたるや人生経験豊かな社会人顔負けです。一昨年は大学祭期間中の飲酒に対する近隣よりの苦情、急性アルコール中毒により病院に搬送された学生がいたことなどのため昨年、今年と禁酒の大会にするとのことでした。彼らの気持ちには嬉しいかぎりで、これほど成長している三重大学生を誇りにも思っています。

しかし、何となく心に引っかかるものもあります。若者の特権である無謀さ元気良さや学生の持っているモラトリアム体質がみえてきません。規制の枠の中で動いているのか、動かされているのか。大学祭で元気いっぱい活動して、予期せぬ結果として、大学や近隣の皆さんに迷惑がかかったとしても、その後に皆で謝りに行けばよい。誠意を持って謝罪すれば理解はえられる筈です。それが若者の爽やかさではないでしょうか。

学生時代ほろ苦い経験を思い出します。病院実習で地方の病院に友人数名で出かけました。友人の一人が送別会で泥酔して帰る家を間違えて、見知らぬ家に入り込んで寝込んでしまいました。翌早朝に家人に「窃盗か夜ばい」と間違われて警察に突き出されました。われわれ全員が病院の院長とともに警察署に呼び出されて大目玉をくらいました。田舎では施錠する習慣も少なかった四〇数年前の出来事ですので、謝罪と説教で済みましたが、現在では不法侵入で逮捕でしょうか。

某私立大学では、金曜日の一七時から構内のある場所で大学酒場が開かれているとのことです。教員間、教員学生間、学生間の交流の場としてほしいとのことで始め、予想以上に好評だそうです。付け加えてその場で学生にはしかるべき教員が酒の飲み方を伝授するとのことです。三重大学も酒造会社と協力して教育の一環として日本酒や梅酒を醸造しています。それが好評で三重大ブランド品として市場に出しています。しかし、飲み方の講習会までは開いていません。開くのも大学の社会的責任でしょうか。しかし、私を含めて飲み方を知らない教職員も少なくないため、誰がコーチ役を勤めるか。それが大問題です。我こそはと思う人申し出てください。

「酒は飲むべし、飲まるるべからず」「適度の酒は百薬の長、深酒は百毒の長」です。

# 教職員の皆さんへ

平成二四年六月に文部科学省は大学改革実行プランを打ち出して、それを強力に推し進めてきています。現在の日本は、歴史上希に見る急速な少子高齢化、情報通信や交通の発達によるグローバル化、地域コミュニティの衰退など急激な社会の変化の中にあります。その中で、大学は社会の変革を担う人材育成、知的基盤の形成やイノベーションの創出など、「知の拠点」として役割を果たすため、大学は変わらなければなりません。三重大学が教職員それぞれ独自の目的のためだけではなく、誰のため、何のために存在しているのかを考える「意識改革」が求められています。

まずは文部科学省が取りまとめた「大学改革実行プラン」を示します。「大学改革実行プラン」は、二つの大きな柱と、八つの基本的な方向性から構成されています。

一つ目は、「激しく変化する社会における大学の機能の再構築」であり、

一　大学教育の質的転換、大学入試改革

二　グローバル化に対応した人材育成

三　地域再生の核となる大学づくり（COC（Center of Community）構想の推進）

四　研究力強化（世界的な研究成果とイノベーションの創出）

を内容としています。

そして、二つ目はそのための「大学のガバナンスの充実・強化」であり、

五　国立大学改革

六　大学改革を促すシステム・基盤整備

七　財政基盤の確立とメリハリある資金配分の実施

【私学助成の改善・充実～私立大学の質の促進・向上を目指して～】

八　大学の質保証の徹底推進

【私立大学の質保証の徹底推進と確立（教学・経営の両面から）】

を内容としています。

「大学改革実行プラン」は、あるべき論を示すのではなく、二四年度直ちに実行することを明らかにし、今年と次期教育振興基本計画期間を大学改革実行期間と位置付け、計画的に取り組むことを目指します。大学改革実行期間を三つに区分し、ＰＤＣＡサイクルを展開します。

平成二四年度は、「改革始動期」として、国民的議論・先行的着手、必要な制度・仕組みの検討、平成二五、二六年度は、「改革集中実行期」として、改革実行のための制度・

仕組みの整備、支援措置の実施、平成二七年度～二九年度は、取組の評価・検証、改革の深化発展を実施し、改革の更なる深化発展を行います。

このプランが示される以前から三重大学は大学改革のため、教育の質向上、研究の集約化、地域との連携を進め成果を上げてきました。それでもスピード感が足りない、社会の方向を向いていない、ガバナンスができていないなど大学全体に対する批判は少なくありません。大学が自律的改革を進めていると国民に写っていないからであろう。

もう一度繰り返します。大学改革とは「教職員の意識改革」にほかなりません。大学の教職員は皆さん大きな夢を抱いています。それは現実感に乏しい世界を見つめる夢でよいのですが、それでも三重大学や地域の人々と夢を共有するのにどうすればよいかを必死に考えなければなりません。地域に根付いてこそ世界に発信できることを忘れないで下さい。

# 科学について

現代において科学の本質が大きく姿を変えてきているようにみえます。純粋に知的好奇心を満たすだけのものではなく、「お金を生む木」としての認識が科学そのものを変貌させています。その上、科学は経済との結びつきのみならず、国家との結びつきも著しく強めています。科学技術は国家の強さを示す大きな指標となり、その水準の高さは二一世紀をリードするにふさわしい国であるとの評価につながるようになってきています。大学も法人化後大きくその方向に向けて舵を切りました。一〇数年前は、産学連携は罪とまで考えられた時代から今や産学連携は大学の経営を維持するのになくてはならないものになりました。確かに科学技術の優位性は日本人の自信や活力にも繋がり、明日への元気を生み出してくれたのも事実です。湯川秀樹博士のノーベル賞受賞はその典型例です。

純粋な科学的興味から研究を進めることとは、国家戦略とは全く関係なく行われていました。二〇世紀になって、科学に経済的、産業的価値が見いだされるようになって、科学技術で国を引っ張るといった考え方が生じてきました。そのため、現代の科学は国の繁栄や経済の発展という国家的金儲けに走ることになってきています。本来、科学は国家のものではなく人類すべてのものであるはずです。一昨年のノーベル物理学賞と化学賞を受賞した四人の日本人はまさに本来の科学を具現した偉大な研究者で、それを選んだノーベル財団の世界に対する一つの警告とも考えられ非常に興味深いところです。

二〇年以上前に大英博物館の医学展示室の入り口にあるペニシリン発見の動機となったフレミングの顕微鏡スケッチに感動したことを鮮明に記憶しています。カビのまわりのブドウ球菌コロニーが解けているのを正確に画いていました。何百万人もの人を救ったペニシリンが一九二八年のこのとき発見されました。彼の実に鋭い洞察力に驚かされます。

その一〇年後にイギリスの病理学者フローリーと生化学者チェーンらによって、はじめて粉末状に分離され、大量生産の道が開けました。強靱な思考力と的確な判断力の勝利です。

これを最初に臨床応用したのがオックスフォード大学ナフィールド整形外科センター(Nuffield Orthopaedic Center, Oxford)の整形外科スタッフでした。骨髄炎(骨の細菌感染症)に対してペニシリンを投与します。一例目は失敗しますが、見事に二例目で大成功を収めます。たくましい忍耐力により導かれた結果です。そして第二次世界大戦の間に瞬く間に全世界に拡がり、数え切れないほどの命を救います。これぞまさに偉大なる人類への貢献です。フレミング、フローリー、チェーンの三人はペニシリンの発見と実用化によって一九四五年にノーベル医学生理学賞を受賞しましたが、最初に臨床応用に成功したスタッフ達は人々の記憶の彼方に消え去ります。臨床医学や科学研究の成果は特定の個人に帰結するものではなくチームに与えられるべきものがほとんどです。その研究に携わった全ての人が、それぞれの立場で対等に意見を交換し、専門知識や技術を生かしあうことによって後世に残る結果が得られるでしょう。

先日、山海嘉之先生（筑波大大学院教授）の講演を聞きました。介護ロボットスーツ「ＨＡＬ」の開発から成功までの経緯とその機能の優秀さを実演でも示しながら自慢するでもなく実に楽しそうに話してくれました。素晴らしいものでした。ロボットスーツですので工学部と医学部の連携（医工連携）が必須ですが、それに製作企業が加わった産学連携の偉大なる成果です。このロボットが身体障害者はもとより多くの高齢者の社会貢献に希望の輝きを与えてくれるものと信じたいものです。

先生の連携研究の成功は「夢」とそれに向かって進む「勇気」に共同研究者が引っ張られたのでしょうか。相手の話をじっくり聞き、ディテールにこだわりすぎない性格が相手に信頼と安心感を与え共同研究を前に進めたのではとのことでした。失礼をお許しいただくと「山海」という名前の通りに、「山」と「海」の見事な融合が「ＨＡＬ」を生み出したのでしょう。これからはもう一段高みの「空海」の融合を目指して曼荼羅の中の宇宙に迫って、「super HAL」ができることを祈っています。

活躍する教員たち

# 「感　性」

奥の細道の一節、「山形領に立石寺と云山寺あり」で詠まれた句「閑さや　磐にしみいる　蝉の声」は伊賀が生んだ俳聖松尾芭蕉の句の中でも私の最も好きな句です。蝉の声だけが聞こえ、眼を閉じるとそれも寄せては消える波のように時には高く、時には低くなり、あたかも磐に吸い込まれていくような山の上の静寂を詠んだのでしょうが、声が磐にしみいるとの表現は実に鋭い感性の現れでしょう。これには驚かずにはいられません。「行く秋や　手を広げたる　栗のいが」も好きな句の一つです。栗のいがが裂けて開いていくのを閉じた手が広がったように見え、手に取ってみたいが痛くてとることができない、まさに子供心をいつまでも忘れない素朴な表現ととらえたいものです。芭蕉の研究者や俳句の専門家には別の解釈があるのかもしれませんが私の率直な感じ方です。この感性が教育や研究で特に大切だと考えています。

画家の感性にも驚かされます。二〇世紀初めのウィーン分離派の巨匠グスタフ・クリムトの『人生の三段階（女の生の三段階、人生の三世代）』には引き込まれます。この絵は幼少期、若年期（青年期）、老年期の女性を描いています。そこに描かれている老婆の姿勢に印象づけられます。現在増え続ける高齢疾患の代表とも言える骨そしょう症の姿を具現したものです。骨粗しょう症は骨が脆弱となり脊椎が変形し、姿勢が変化していきます。その姿勢を見事に表現しています。おそらく多くの皆さんが芸術家の感性に感動した記憶があるでしょうし、一方で自らの感性の乏しさに情けない思いをします。

私も自らの研究センスのなさにより大きな魚を取り逃がした苦い経験があります。感性を磨く努力が足りなかったこと反省しています。

活躍する教員たち

三重大学はこれまで地域との連携により独自性溢れる三重大ブランドを数多く作り出してきました。ここにも三重大学の教職員、学生の感性の豊かさを感じ取ることができます。しかし、地域を重視することは地域に閉じこもることではないことは伊勢神宮発展の経緯をみれば明白です。江戸時代、神宮のために御師達は全国行脚を展開します。そこで、いろいろな仕掛けをしながら積極的な営業活動を行います。並々ならぬ苦労だったでしょうが、それをやり遂げて、当時の人口の六分の一に相当するほどの人を伊勢の地に呼び込みます。交通手段や情報化の状況をあてはめると、現代ではそれはまさに世界戦略です。目的は地域であってもわれわれの活動の場は広く世界に求めなければなりません。そのことにより、国際的に注目を集める教育・研究の拠点を形成し、学際性に優れた成果を創出することができます。

## 「知は力なり」

「知は力なり」は一六世紀イギリスの哲学者フランシス・ベーコンの言葉です。自然の法則を知り、経験をたくさん積み、それを使って自然と調和すれば、人間の世界は豊かになるとの考えでしょう。三重大学の基本的目標も人と自然の調和、共生の中で独自性豊かな教育・研究成果を生み出すことです。まさに知がその根源です。

組織も同じです。一人ひとりが持つ「知識」がその組織にとって最大の財産であることをよく認識しなければなりません。「人財」であることはこれまで繰り返し発信してきました。人の力が強くならない限り、組織力は向上しません。個人個人が持つ成功体験や失敗例といった知識や経験を集め、組織でそれを活用する仕組みを作り上げることが重要でしょう。これが「ナレッジ・マネジメント」です。これを実践することは容易ではありません。同じ間違いを繰り返さないと納得しないのが人間です。先輩から何度も教えを受けながら、同じような間違いを犯したことをほとんどの人が経験しているはずです。自らの失敗に基づく反省は切実であり、そこから成長が生まれますが、それでは組織としての発展は遅く、競争に勝てないでしょう。

大学は法人化後苦境にあります。運営費交付金の減額のため教職員の削減が求められています。目先の対応だけで安易に人員を削減しようものなら、大学は最大の資産である教職員の知を失ってしまうことになります。一〇年もすれば、教職員の数の帳尻は合っているが中身は何もないといわれる大学だらけになる可能性だってあります。苦境に負けない「強い」大学を維持するためには、ナレッジ・マネジメントを実践し、大学の持っている知の力を有効に活用しなければなりません。

それでは「ナレッジ・マネジメント」の本質とは？　多くの教職員と話をする機会があり、それぞれが素晴らしい実績を持っていることがわかりましたが、それが大学の力として生かされているかと聞かれるとはなはだ疑問です。個々の力を組織として活用し、大学の評価を上げることが「ナレッジ・マネジメント」と考えます。教員相互の情報交換が基盤となります。そのような場は存在しますが、われわれの多くが得意ではありません。直ぐにカタツムリになり、角もやりも頭もひっこめたまま殻の中です。どなたかこのカタツムリを上手に料理してくれる人はいませんか。隠れたところに料理の鉄人はいるものです。われこそはと思う人は是非とも手を挙げてください。

ある人が当たり前だと思っている方法論が、別の領域では実は重要なナレッジとなったりしたことを誰もが経験しているはずです。そして、医工連携、生工連携、文理融合など学部間での連携を成功させたいと切望しています。

情報システムが整備されればナレッジ・マネジメントができるという「誤解」もあります。教員はそんなことをしなくても自分の教育や研究はできるため、積極的にはなれないのでしょう。多くの教職員を集めてナレッジの収集や活用方法を協議する会議を定期的に開いても、それを肯定するよりも否定的な意見が多くでます。それでもナレッジ・マネジメントは必要です。自慢大会だと思って続けることが教育や研究のノウハウなどを積極的に共有する雰囲気を大学内に生み出すはずです。

情報システムの進化は生きた情報の交換を阻害している可能性だってあります。学会、大学、講座、教室内での生の議論を活発にすることが若い人たちを引きつける魅力となることも忘れないでください。

# 情緒と理論

数年前、臨床基礎科学関連の学会を主催するに当たって、そのテーマを「情緒と理論」としました。研究が大きな成果に結びつくためには理論と同じくらい情緒（感性）が必要であると考えたからです。アレキサンダー・フレミングがペニシリンを発見した動機にも情緒が色濃く漂っています。細菌を培養しているときに、「ずぼら人間」に近かったフレミングは放置したままの培養皿に青カビが繁殖し、本来の実験には使えない状態となっていました。普通の人間であれば、躊躇なく捨て去るところですが、彼はそうせずに、丹念にその状態をスケッチしたのです。そしてカビの周りには細菌が繁殖していないことを発見しました。そのスケッチ図が大英博物館の医学展示室の入り口にあるので、まんざら作り話でもなさそうです。今ならシャッターを押せば簡単、短時間に写真ができあがりますが、細かいことの観察ができるかは定かではありません。顕微鏡を観察しながら詳細にスケッチすることにより、彼が予想もしない発想を浮かべ、それが世紀の発見に結びついたと考えたい。ふとした偶然からのひらめきが幸運をつかみとる能力をセレンディピティ（serendipity）といいます。これはまさに情緒が豊かでないと生まれてこない能力です。

高等教育においても情緒は極めて重要です。われわれが後輩たちに真に伝えたいものは認知的な知識や論理ではなく、「鋭い観察力」、「強靭な思考力」や「的確な判断力」です。このことが社会人にとって最も大切なことを熟練の職業人が痛感しているからです。教育体系が知識偏重であり、すべてが偏差値で評価される現実が目の前にあります。その中で論理性は養われてきていますが、反面情緒的なものが無視されがちになります。綿密な観察から得られる情報や瞬時に行わなければならない判断は極めて情緒的です。もっとくだけて言うとクライアントや他の人に親切であったり、クライアントが何を望んでいるのかを知ろうとする気持ちを持ったり、先輩に礼を尽くすこと、道義的であること、誠意を持って事に当たること、名誉を重んじることが大切であることを論理で説明することは難しい。これらのことの欠落が社会の安全を危うくしていることを現在見られるさまざまな出来事が教えています。子育て放棄や超高齢者の消息不明は最たるものでしょう。医療事故の多くもそれに起因していると考えていい。

国家や組織とは「力の体系（政治力、軍事力）」と「利益の体系（経済力）」と「価値の体系（文化力）」からなり、この三つの体系のバランスがよくなければ一人前の国家や組織とはいえないと国際政治学者であった高坂正堯氏は述べています。現在のわが国では利益の体系を重視するあまり価値の体系が置き去りにされているのではとの疑問を抱きます。そして、国家財政困窮の中、価値体系の基盤となる高等教育への予算の削減は年々大きくなっていく。教育研究環境の悪化を目の辺りにする教員や学生の動向にも変化をもたらしています。ビジネスやエンジニアリングなどの専門性が高く、実務に結びついた領域を専攻する傾向が強くなり、その分実益とは直結するようにはみえないリベラルアーツ教育（教養教育）や基礎研究は敬遠されつつあります。

大学の使命とは、単なる知識の伝達を超えて、人格形成を含むものでなければならないとの考えに大多数は同意するはずです。しかし、わが国の戦後高等教育はある意味でリベラルアーツ教育よりは職業教育に重点が置かれてきました。医学部、法学部、工学部、教育学部はもとより、経済学部や人文学部でも職業に直結する形で学部教育がなされ、学部で専門教育と平行してリベラルアーツ教育を行い、大学院でプロフェッショナル教育（将来のリーダーとして人間性豊かで高度専門知識を有する人財養成）を行う方式はとられてきませんでした。戦後復興の時期から高度成長期にはそれで十分に高等教育機関の役割を果たしてきましたが、成長を果たして価値観の多様性に大きな比重を置く現代社会において大きな矛盾を来すようになってきていると思われます。大学の果たすべき社会的役割を真剣に議論しなければならなくなってきています。

教養教育の在り方について全教職員、学生が議論すべき時です。

# 独自性と独創性

平成二三年度の予算案が国会で審議されています。当初は国立大学関係の予算の大幅削減が予想され、われわれ大学関係者を大いに慌てさせました。削減分の一部は政策コンテスト（競争による）で高い評価を得た事業に予算措置をすることになり、その評価に事業内容に加えてパブリックコメント（国民の声）を重視することになりました。「国立大学を支援すべし」とする実に多くのコメントをいただき、その声は二三万件を超え、圧倒的多数で国を動かす大きな力となりました。このことに協力してくれました教職員、学生、さらには学生のご父兄、大学に格別の理解を示していただいた一般の皆様方に心より御礼申し上げます。

独自性や独創性は大学の研究にとって最も重要なテーマです。三重大学でそれらを創生しなければ大学の活性化はあり得ません。

まずギリシャ文明を例に取り上げます。この文明は歴史上際だって独自性と独創性に溢れています。しかし、この文明が他の文明と独立して突然出現し自己完結したわけではなく、メソポタミア、エジプトに栄えた古代オリエント文明の流れを受けてエーゲ海の海辺に勃興してきました。チグリスユーフラテスやナイルの河で発達した造船術や航海術やその他多くの技術が次なる海の民に引き継がれてエーゲ海へと展開しギリシャ文明の礎となったものと考えられます。特にチグリスユーフラテス川流域とその近傍から世界最初の作物と家畜、車輪をつかった輸送法、銅、青銅と鉄の製造法が伝わりました。町と都市、首長制と王制、体系化された宗教も生み出され、そうした全ての要素がギリシャに伝わりこの文明が発達したと考えられています。そして、エーゲ海から地中海に出てローマへとギリシャ文明の真髄が伝播し、ヨーロッパ全土へと拡がっていくのです。

歴史とは、人が移り動き、その課程の中でおこる文明の興隆と崩壊そのものです。歴史上、ギリシャ文明がどうして他に類をみない独創性を発揮したのか。彼らが常に外に目を向け、他文明との交流を通じて自らのアイデンティティーを意識したことが大きな要素であったと考えられます。そして自らの拠りどころを軍事力ではなく言葉や文字という文化的要素に求めたことも彼らの独自性を際立たせる結果となったのでしょう。これは現代にも通じることです。三重大学の教職員、学生の皆さんが常に外部との接触を緊密にし、情報交換の中で自らのアイデンティティーを確立し、それを教育、研究に活かす強い意志が独自性や独創性を創生することになるはずです。

文明の崩壊を招く潜在的な要因についてジレッド・ダイアモンドは文明崩壊（原題は

Collapse How Societies Choose to Fail or Succeed）の中で記しています。環境被害、気候変動、近隣の敵対集団、友好的取引相手、そして環境問題に対する社会の対応の五要因を挙げています。

これを大学に当てはめてみますと、教育研究環境に関する予算は削減され、状況は悪化の一途をたどっています。まさにダイアモンドの言う環境被害に相当するでしょう。この被害で崩壊にまで至るとすれば、それは大学の構成員の並はずれた無思慮、無理解によると考えられるでしょう。運営費交付金の削減に対して、自己改革を放置したり、集約化の議論を無視することはそれに繋がりかねません。それらの変化の周期がわれわれの在任期間に比べはるかに長いことも問題を複雑化しています。少し良い時期が続くとそれが恒常的な状態であると誤解してしまい、改革への努力がなされなくなります。

教育研究環境改善のための資金獲得は極めて競争的になっています。それぞれの局面での競争相手と友好的取引相手を的確に見分けなければなりません。それができなければ、これまで友好関係にあった大学、企業、行政、果ては市民のメリットを無くし、支援を失うことになります。これらのことを明確に意識して、課題に対して積極的に取り組むことが大学の崩壊を防ぐことになります。崩壊とはいささか大げさに聞こえるかもしれませんが、グローバル社会での企業の対応を目の辺りにすると大学だけが無条件に回避できるとは思えません。

全学FD

不適切な条件で人々が最も頑迷にこだわる価値観は、逆境に対する過去の成功体験でしょう。ある局面で成功を導いた社会的結束が、一方では足を引っ張ることになります。昔の栄光の呪縛から脱却できずに、リスクをおかさなくなります。リスクをおかさないのが最大のリスクになっていることに気づかずに。いや、気がついていても、一歩前に進む勇気が持てなくて。あの輝けるギリシャが二一世紀の三流国です。踏み出すことをやめることはできません。

## 基本に忠実であれ

スポーツは基本に忠実でなければ上手にはなれない。野球の基本もまた他のスポーツと同様に「全力で走ることである」。

「打席に立って来るボールを思い切り振る。そしてバットにボールが当たったあとにできる仕事は何だ?」間違いなくセーフになるために「全力で走る」しか方法はありません。「全力で速く走れば勝てる」草野球ではそれが顕著となる。足の速い選手は内野ゴロをセーフにすることができる。そして二盗、三盗してパスボールで一点なんてことは稀ではない。

日本の野球界において走るという点から、一番意識が高いのが社会人野球とのことです。社会人野球をみる機会は極めて乏しいので、全力で走ることの爽やかさを実感できないのは残念。プロ野球では「日本は給料の高い選手ほど走らないし走れない」。日本球界を代表する選手の多くをみればよくわかるでしょう。そしてファンもその程度の選手をこの上なく大事にします。一方、アメリカは給料の高い選手ほど良く走るし走れる。走れない選手は評価されない。走者が全力で走るから、野手も全力でプレーする。それがスライディングであると、それをかわしながらタッチする野手との瞬間の交差がある。手に汗握る緊張感の中、心を揺り動かす迫力を生み出します。

「走る」ことは訓練により改善します。守備と同じであろう。守備も練習すればするほど上手くなる。走って走ってしているうちに走りやすい走法が身に付いてくるものです。「全力で走る」ことが「強い体」を作ることと関係しているはず。一方、打撃はそうはいかない。いくら打ち込んでも打てない打者は打てない。プロ野球でもあれほどピッチングマシーンで打ち込んでも打てる打者は多くない。先天的なバットコントロールによるところは大きい。イチローの打法をみればよく解る。しかし、良い打者でも打率三割程度である。一〇回打って七回は失敗する。こんなに効率の悪い教職員や学生はどこの大学でもお断りしたいと願っているはずです。

学問をするということは基本の繰り返しです。基本なくして応用はあり得ない。あまり面白くはないかもしれないが基本を忠実に守る中に新たな独創が生まれることを知りましょう。教育や研究にタナボタはあり得ない。タナボタのように見えてもその影に隠された血のにじむような基本に忠実な努力があることを知ってほしい。そして、「学びの習慣」は生涯の資本であることをも再認識してほしい。

全力で走りながら周囲の状況が見えるようになるまで走り込まなければならない。それが自らを高めるし、周囲の共感を呼ぶことを知ろう。スポーツだけでなく、何事も同じでしょう。

頑張る学生達

# 歩みを止めるな

先日、日本とベトナムの学長会議に出席するためハノイ市を訪問しました。空港よりホテルまでのバスはバイクと自転車の間を縫うようにゆっくりと走る。バイクと自転車が車の間をすり抜けていくとも言える。ぶつかりそうになるが両者が間一髪で回避、あうんの呼吸を心得ている。市街地に入るともっと大変です。これに歩行者が加わる。交差点にはほとんど信号が無く、当然のことながら横断歩道もない。まさに、車とバイクと自転車と歩行者のマジック競演ショーでした。

滞在しているホテルの前に小学校があり、朝の散歩中に小学生の登校風景に遭遇。子供達の道路の横断は圧巻でした。それほどのスピードではないが、ほとんど間隔がないほど激しく行き交うバイク、自転車、車の間を縫うように道を横切るため、子供達は左右を見ながら、ゆっくりとあわてることなく小刻みに前に進むのです。決して急がないし止まらないし、恐がりもせず悠然と歩み続け、渡りきります。その後は、一目散に学校に駆け込んでいく。拍手喝采です。

成長する「人財」は、立ち止まらないし、逃避もしない。迷いは誰の上にも訪れるでしょう。しかし、伸びる人は、迷いを言い訳に、自らの歩みを止めません。現状から逃避しても安住できる逃げ場はなく、苦しみを先送りするだけであることを知っているからです。そして、常に成果を求めて、必要なエネルギーと集中力を発揮するように務めます。そこにはストレスや緊張感が充ち満ちていますが、それを心地よいと感じることも必要です。訓練を繰り返すことにより、それは達成できます。

誰でも一時的に歩みを止めたために、にがい思いを経験した人は少なくないでしょう。教科書や論文を読んだり、文章を書いたりすることを何かの都合で二―三週間ほど休まなければならないことがあります。さあ〜、それからが大変です。日本の雑誌はまだ良いが、英文ジャーナルは開いても、しばらくは眼と頭が共同作業を始めてくれません。ネットワークがつながるまでかなりの我慢が必要です。英文で論文を書くときはもっと苦労します。ここで切れると一ヶ月、三ヶ月延ばしとなり、延ばせば延ばすほど書けなくなります。どんなに短くてもよいから、毎日、毎日読んだり書いたりすることを怠ってはなりません。歩み続けなければなりません。急いでもいけないし、左右確認を怠るのも禁物です。それが目的を遂げるために必要です。

ワクワクし、充実感のある教育や研究の課題は自分の直ぐ傍にあるはずです。自らの傍にある課題に取り組むかどうかに、愚痴も、迷いの言も、弱音もいりません。ひたすら自力本願で、進まなければなりません。歩みを止めず、目の前にある課題に集中し、最高の成果を求める。迷いが心をさいなむことは人間である以上当然です。しかし、どんな時も、「決して立ち止まらないこと、決して逃げ出さないこと」を忘れなければ、どんな人にも成長が待っています。

二〇一〇年も皆さんが歩みを止めずに着実に前進し、多くの成果を挙げることを祈っています。

# 真の「居心地のよい社会」を求めて──二〇一一年

明けましておめでとうございます。二〇一一年も三重大学の佳き伝統である教員、職員、学生の一体感を強くして、さらなる躍進を目指しますので、同窓生、ご父兄、市民の皆さんのご支援をお願いいします。

日本の若者の海外熱が急速に冷めてきている。その証拠に海外への留学生数の落ち込みは著しい。二〇〇一年一三〇、〇〇〇人以上いた海外留学生は二〇〇九年には九二、〇〇〇人に減少している。アメリカへの留学をみてみると、日本からの留学生はここ一五年で半減しているが、インド、中国、韓国の留学生は倍増している。特に大学院生の留学が約二〇％と他国の五〇％程度に比し極めて低い。

「なぜ海外に留学しないのか」との問いに対して「学ぶものがない」「就活に不利となる」などの答えが返ってくる。それは言い訳に過ぎないと思う。自分だけの小さな研究領域ではそのようなこともありうるが、世界の多くの研究者と議論を戦わし競争することに大きな意味があることは誰でも知っている。学ぶことはいっぱいある。グローバル化した社会で競争相手がわが国だけではないことをひしひしと感じている企業もまた、執行部に多くの海外駐在の経験者を配置し、世界の市場を相手にしている。留学経験は将来のキャリアパスに有利になるはずである。

以下のような報告もある。「今の会社に一生勤めようと思っているか」に対して「そう思う」との答えは、二〇〇〇年の二〇・五％から二〇一〇年には五七・四％と三倍近く増加した。一方、「社内で出世するより、自分で起業して独立したいか」で「そう思う」と答えた新入社員は、二〇〇三年の三一・五％から二〇一〇年の一二・八％へと半減しているとのことである。能力を生かせると思える環境に安住し、自分で独立してさらに飛躍しようなどとは考えなくなっているのが現状であろうか。競争を好まず、終身雇用が望ましいと考える社会背景の中、ベンチャービジネスが成功しがたいとの意見もあるが、現在のトップ企業の多くがもとを正せばベンチャーで成功を収めた結果であることを考えるとこれも正しくない。やはり単なる言い訳としか写らない。若者よ、自分を無理に正当化することを止めて、世界に羽ばたこう。

昨年のノーベル化学賞受賞者である米パデュー大特別教授の根岸英一さんは「日本はすごく居心地のいい社会なんでしょうけれど、若者よ、海外に出よ、と言いたい。たとえ海外で成功しなくとも、一定期間、日本を外側からみるという経験は何にもまして重要なはず」と述べている。そのことを自ら実践し、成功を勝ち取った人の言葉は重みを持っている。

「いごこち（居心地）」という何とも曖昧であるが、使い勝手のよい表現方法をわれわれ日本人は知っている。まさに、漢字のとおりそこにいるときの心もちの意味であるが、多くの局面で使用できる便利な言葉であろう。居心（いごころ）は同義語であるが、これは江戸末期から明治時代に使われていたと『広辞苑』にある。ある場所の居心地よさ、その中には「座り心地のよい椅子」などのように限定されたものから空間全体が醸し出す居心地のよさまで実に大きな拡がりを持っている。人間関係のなかでもよく使われる言葉である。居心地のよい会議もあるし、何となく居心地の悪い集会もある。日常で「心地」の置き所に窮してしまったり当を得たりという場面によく遭遇することは誰でも経験することであろう。

ではなぜ、今「いごこち」が問題になり、そのことを強く意識しなければならなくなったのか。根岸さんは、「米国で博士号を取得して帰国すると、日本には自分を受け入れてくれる余地はまったくなかった」とも話している。この閉鎖性と「すごく居心地のいい社会」は表裏一体の関係にある。違ったものを受け入れがたく、対極との議論を避け、同一性を好むことは現代のグローバル社会の中では生き抜いていけないことを認識しなければならない。根岸さんの言葉から約半世紀近くが経過しているが、「閉鎖的居心地のよさ」

を求める傾向は益々増大しているのではと感じる。

全学FD

海外に行ってみると「元気のない日本」が目につく。皆が「景気が悪い、景気が悪い」と声を上げる。経済状態はよくはないが、世界を見わたしてみると特別に悪いとも思わない。誰かが経済がよくないと叫べば、本来の意味である「景気のいい若者」まで萎縮してくる。この日本を覆う閉塞（へいそく）感を払拭（ふっしょく）するのは政治や経済ではなく、大学よりの夢のある教育研究の情報発信であると信じている。そして、そのことにより真の「居心地のいい社会」の意味が明確になってくる。

## 「ち」について

何回か前に知、血、地について書きました。その他に「ち」と発音する字は非常にたくさんあることに驚かされます。主なものを上げますと　智　痴　値　乳　治　置　遅　稚　致　馳　茅　恥　弛　池などです。知に日がついて「智」となり知よりも高次の宗教的叡智の意味に用いるようです。知に病垂（やまいだれ）がついて病気となれば「痴」となります。この意味は根本の真理を知らないことで、仏教では基本的煩悩の一つとのことです。

「痴」にならないために「智」恵を付けなければなりません。智恵とは何か。たくさん勉強しているということではなく、問題が起きたときに、どう対処できるかということなのです。これが人間としての教養だと思います。教養とは智恵があるということです。優れたリーダーとは、たとえ周囲の状況が最悪のときでも、智恵を働かせて新しい方法を考え、困難を克服していくのです。智恵のある人が勝利を収めることになります。このように考えますと、真の教養のある人が有利となるはずですので、学生時代はもとより社会に出てからも常に教養を身につける努力を惜しんではならないでしょう。その根底にあるのは「学びの習慣」だと思っています。

三重県、愛知県、岐阜県の県境にある木曽三川はたびたび大洪水を引き起こしています。伊勢湾台風による大きな被害も五〇年経過し、人々の記憶も薄れかけてきています。当時、被害にあった子ども達の文集に寄せられた水への恐怖は今回の東日本大震災の大津波にも似たものだったのでしょう。世の中にはいろいろな恐怖がありますが、意識があって呼吸ができない恐ろしさは想像を絶するでしょう。水による被害はまさにそのものです。

暑い夏がやってきました。節電の夏でもあります。海水浴や川遊びでの犠牲者が毎日のように報じられます。学生や若い人がこんな場所で何故と思われる事故が大半です。グループでアルコールを楽しんだ後に水に入ることは絶対にしてはなりません。溺れそうになると人はパニックになります。ばたつかないで思い切って水の中に顔を付け、身体を沈めましょう。そうすると自然に浮き上がってきます。冷静さも取り戻すでしょう。

木曽三川では、約二五〇年前の宝暦年間の幕府の命による薩摩藩の治水工事もよく知られています。家老平田靭負以下一千余名の義士を派遣し、四〇万両を越える巨費と、藩士八〇数名を失うという犠牲をはらって、完成させます。杉本苑子氏の小説「孤愁の岸」で当時の難工事と人々の苦闘を知ることができます。桑名の海蔵寺や海津の「治」水神社をはじめとして木曽三川沿いの寺院にその跡が残されていますし、毎年この地に鹿児島より多くの人が集まって鎮魂祭を催しています。当時の技術力では三川分流工事の効果を十分に発揮することができなかったようです。

明治になってオランダより土木技術者を招いて近代技術を駆使した本格的な三川分流工事に取りかかりました。着工から二五年の歳月をかけた大事業により、洪水被害は著しく減少し、不毛の土地であった西濃一帯も今日のような発展をみることができました。この近代的な「治」水工事が成功したため、その後の全国の河川改修工事の手本となったとのことです。ここで使われている「治」は「水」と「台」です。「台」は、ムと口にわかれ、ムは農作業具の鋤（スキ）を表し、口は神器を意味し、併せて作為を加えることになります。河川に作為を加え、洪水を防ぎ、水利を行えるようにすること、即ち、河川をおさめたことが原義と考えられています。まさに「治」は治水そのものを示しています。このことから発展して、乱れたものに手を加え、秩序をもたらすことになり統治、政治などのことばが生まれたわけでしょう。

災害から生命や財産を守るために、歴史の中から学び取った二重三重の「智」が散りばめられています。それは「水との戦い」ではなく、「水との共存」である。「治」と「智」の融合であることを認識する必要があるでしょう。

「也」が右偏につく「ち」は地、池、弛、馳がある。「也」の意味ははっきりしませんが長く伸びた姿を意味しているのではとも考えられているようです。土が長く続けば土地となり、水（さんずい）であれば細長い池となり、馬であれば長く走ることになり、弓となると長い弦がゆるむとなります。

池と言えば香川県財田にある満濃池を思い浮かべます。徳島県の山中に生まれた私は県こそ違え満濃池はそれほど遠くありませんでしたので、学校の遠足で何度か出かけました。灌漑用の溜池として日本一を誇る池です。大きな河川がなく、雨の少ない讃岐の国（香川県）では稲作に灌漑池は不可欠です。何度となく決壊しますが、ここでも空海が唐で学んだ新しい土木工学を生かして、大池を完成させました。当時の最先端の知識が成功を収めます。

池の起源は水田稲作でしょうか。田植え前後の水田はまさに池です。庭園に作られる池は何を意味しているのでしょう。作られた時代や場所により異なるでしょうが生命誕生の根源が水にあることによると考えたいものです。

学びの庭には知の泉が拡がっています。これからオープンキャンパスの時期です。多くの高校生に三重大学の魅力を知って欲しいと願っています。

## 自らの危機管理を大切に

オバマ大統領の就任演説で最も印象的な言葉はおおかたの人にとって“Yes, we can”でしょう。自分はできるし、できるように積極的に取り組まなければならないのは重要なメッセージです。誰かに何かをしてもらうのではなく、自らが率先して何かをすることも大切であります。

ケネディ大統領の就任演説にも名文句があります。“And so, my fellow Americans: ask not what your country can do for you - ask what you can do for your country.”（祖国があなたのために何ができるかを問うより、あなたが祖国のために何を行うことができるか問うてほしい。）

いずれのメッセージも自ら進んで国家に貢献する気概を持ってほしいとのことでしょう。このような情報を発信しても全体主義に陥らないのは、基本的にはキリスト教の神のもとでの自由や個性の概念が成り立っているからでしょう。神という抑止力がなければ単なる利己主義になってしまいます。全く異なった文化的背景を有するわが国で自由や個性を強調すると、自分さえ良ければとの利己主義に陥りやすくなるでしょう。これまで、日本では自由や個性の抑止力となっていたのは長幼の序に代表される儒教的道徳心だったと思います。しかし、われわれは儒教の教えの中で国家にこだわりすぎたために大きな間違いを犯した歴史を有しています。国民が"Yes, we can"のまま、祖国のために何をすべきかを深く考えることなく突っ走ったため先の日中戦争、太平洋戦争に突入し、多くの同胞を失い、国土の荒廃を来しました。沖縄、広島、長崎などにその傷跡を見るとき、悲嘆の中で打ちのめされます。当時の人口の五%近くが戦死した惨事を考えると、戦争の恐ろしさに震えます。

教職員、学生の皆さんも三重大学のために何ができるかを問うてほしいと願っています。それが独りよがりにならないためには三重大学を大切にしたいとの気持ちを持ち続けてください。

日常生活においては「No, we can't」が必要なメッセージであることの方が多いと思っています。思い上がった傲慢な人間でなく、自分の能力を正当に評価できる人でなければなりません。「自分に何ができるかは知っているが、何ができないかをわかるようにならないと大望は達せられない、心の平和も得られない」でしょう。危機管理はまさにそうだと思っています。何かをすれば危険が回避できればよいのですが、ほとんどはそのようなことはなくて、「してはならないことを知る」ことにより危うさから逃れることができるのです。近寄ってはならないのに近寄ってみたり、言ってはならないのに言ってみたり、ルールを守らなければならないのに慣れきって手順を省略したり、スピードを出してはならないのに猛スピード出したりと挙げるとキリがないでしょう。食事や職場でも遅刻してはならない、公私混同をしない、相手を不快にさせないなど世の常識とかマナーといわれるもののほとんどはしてはならないことを知ることではないでしょうか。

私にもほろ苦い経験があります。二五年以上前に埼玉県所沢で住んでいたときのことです。関東地方は比較的頻回に地震があります。それも寝ていても目が覚めるほどのものが月に一回はあったように記憶しています。地震の後の夕食の時だったと思いますが、晩酌の酔いもあったのでしょうか妻に何気なく話をしました。「大きな地震が起きたら、私は子供を連れて逃げるから、多恵（妻の名前）は一人で逃げてくれ」と、普通に災害時の心構えを話したつもりでした。しかし、その一言が彼女の心をいたく傷つけたようです。妻には自分を大切に思ってくれていないと解釈され、今でも恨み言を言われます。その場の状況や、その時の心理状態はありますが、振り返ってみて言ってはならない言葉でした。現在の私は毎日のようにどこかで挨拶をしなければならない立場にあります。十分に注意はしているつもりですが、時には気がゆるんで軽口をたたき、後でお叱りを受けることがあります。懇親会の席でのアドリブは叱責ですみますが、「ふさわしいことを話すのだ。

それができなければ黙ることだ」「沈黙は言葉についで強い力を持つ」と沈黙の重さやよさを強調する言葉もあります。しかし、演壇で黙って微笑むだけでは職責を果たせません。民主党の鳩山総理大臣が発した「県外」の一言が大騒動を引き起こし、コミュニティーに亀裂をきたし、多くの人の心を傷つけました。まさにその一言が戦いの序曲となった多くの歴史的事実を想い出させてくれます。

(数日前に総理大臣辞職の報に接し、自らの発した言葉にがんじがらめになり、迷路から抜け出せなくなったことを多くの人が実感したのでは。)

言葉の大切さを示す表現はたくさんあります。その一部を記しておきます。「言葉の一撃は槍の一撃よりももっと鋭い」、「鋭い刃物より胸を深く切り裂く言葉がある。一生胸に突き刺さったまま忘れない言葉がある」、「賢者の口は心にあり、愚者の心は口にある」「私たちは、言葉づかい一つで多くの友情が左右され、国家の命運すら分けられる事実を肝に銘じておかなければならない」

皆さんも心痛む思い出があるでしょう。その一言で恋人や友人を失ったことを。

防災訓練

# 第三章　式　辞

# 卒業式——二〇一二年

今回は卒業式での私の話の要旨を通信します。

三・一一東日本大震災後、われわれの社会の在り方は大きく変化しようとしています。自己中心の生き方が重要であるかの風潮の中、社会の絆を大切にし、ともに助け合う共助の精神を貴ぶ意識の流れが大きくなりつつあります。この流れをせき止めることなく、社会の基本原理と位置づける必要があるでしょう。人類進化のビッグバンの一つは人がコミュニティーを作り、その輪を徐々に大きくしていったことにあります。健全なコミュニティーとはそれを構成する人々がお互いを理解することから始まるでしょう。その中で、自己を確立して正しい判断ができる人、そのことはまさに「風評に惑わされない人」となることを意味するでしょう。

また、教育や研究の在り方にも変化が起こっています。「感じる力」「考える力」「コミュニケーション力」を強化することにより「生きる力」を涵養することが三重大学の教育目標ですが、このことをこれまで以上に明確にする必要があります。「生きる力」の涵養とは「自立した大人を育てるための教育」と言い換えることができるでしょう。「自分という人間は何者であって、どこから来て、どこへ行こうとしているのか？」の問いにどう答えるかを考えなければなりません。そして、「周囲の環境を正しく理解し、その中から将来を的確にシミュレートし、自己の目標の実現を最大限に図ろうとする能力」を他人と良好な関係を保ちつつ身につける努力を惜しんではなりません。研究についても同じことが言えるでしょう。基礎研究、応用研究ともに自らの研究の位置づけを明確にし、社会にどのように貢献しうるかを常に考えておく必要があると思います。

卒業後は社会に出る人、大学院に進学する人、さまざまな進路がみなさんの前にあります。いずれの道を歩むにしても、この三重大学が、みなさんの母校です。今日は少しだけ時間を作って、大学で学んだこと、出会った友人のこと、楽しかったこと、苦しかったこと、嬉しかったこと、悲しかったことを振り返り、この感慨を、いつまでも記憶に止めておいて欲しいと願っています。そして、この記憶が皆さんにとって一生の宝となるものと確信しています。このことは母校や同窓会を大切に思い、後輩を暖かく見守る卒業生として成長を続けることに繋がるでしょう。

サムエル・ウルソンが八六歳の時にかいた「青春」という詩があります。その中の一節に「青春とは人生のある時期をさすのではなく、心のあり方のことだ。それは単に紅顔の面持ち、紅い唇、しなやかな肢体などを言うのではない。青春とは、強固な意志、豊かな想像力、激しい情熱を指し、臆病を捨て去る果敢な勇気、安易さを退け冒険を求める飢えた心を言う。人は歳を重ねるから老いるのではなく、理想を失うときに老いるのである」とあります。さらに、「人はその信念に比例して若く　疑惑と共に老いる。人はその自信に比例して若く　恐怖と共に老いる。人はその希望に比例して若く　絶望と共に老いる。」と続きます。若者の持つ力強さをいかんなく発揮し、現代日本社会の閉塞感を打ち破るべく行動してください。

現在、日本はアジア諸国を中心に多くの留学生を受け入れ、国際交流を活発に展開しています。経済の市場は国内だけでなく海外での比重が増大してきている中、今やこの流れを止めることはできません。しかし、残念なことに、日本の若者が海外を目指す比率が低下しています。他のどの国に比べても安全で便利で住みやすい日本であることは間違いありません。そんな所を離れたくないとの気持ちもよく分かりますが、外国に行ってはじめてそのことが実感でき、その重要性が理解できるのです。何か新しいものに挑戦するときには不安をすべて払拭することは不可能です。それを乗り越える勇気を持ってください。それがグローバル世界で自らのアイデンティティーを確立し、活躍の場を拡げることにつながるはずです。

皆さんはこれまで学校や大学という恵まれた環境の中で学問をし、多くの知識を獲得してきましたが、それらは全てこれからの人生で活かすためのものです。社会で生活をするとき、ときとして予想も出来ない事態が発生したり、社会の激変に遭遇することもあります。そのような場面に出会ったときのために、これまで努力して「学びの習慣」を身につけてきたのです。どのようなときにも「学ぶ」ことを忘れずに、社会でたくましく生きることを実践してください。そして社会人として、世界の平和を願い、地球を大事にし、人を思いやる人でいてください。いつのときも法を守り、社会に貢献し、人類の福祉に思慮する人でいてください。また、科学に興味を失わず、学問への志を持ち続け、自らの体と心の健康に気を配りながら、これからの人生を大切に生きていってほしいと願っています。人類の文化や文明のあらゆる分野の歴史に、新しい一ページを加えていくのは、今日ここで三重大学の卒業式を迎えられたみなさんであることを確信しています。

インドネシアスリウィジャヤ大学の卒業式で

# 入学式式辞

入学式の式辞の要約を通信します。平成二四年度の入学者は大学院生を含めて一九八三名です。

三重大学の源流は津の藤堂藩の藩校であった有造館と伊勢の外宮の中にあった豊宮崎文庫です。四〇〇年近く前にスタートした日本で最も古い国立大学です。その後、師範学校、高等農林学校、県立大学などの多くの流れが合流、成長してきました。現在は人文学部、教育学部、医学部、工学部、生物資源学部の五つの学部、研究科に地域イノベーション学研究科の、五学部、六研究科です。わが国はもとより世界の大学との交流や連携を通して教育、研究の機能を強化しています。また、多くの附属施設も有しています。三重県の医療の中核としての附属病院、教員養成の実践の場である附属学校園は、医療や教育で県民の厚い信頼を得ている施設です。農場、演習林、水産実験所や練習船勢水丸も農業、林業、水産業の教育研究や実践の場として利用されています。在学中に全員が是非一度は訪れて欲しいと願っています。

三重大学は素晴らしい自然環境に包まれています。伊勢湾に輝く波の翠、鈴鹿、布引山脈や学内に息づく樹々の翠、白い雲をたなびかせる澄み切った空の翠、三つの翠、三翠が三重大学の未来を指し示しています。そのため、世界一の環境先進大学を目指すことを目標に掲げ、教職員、学生が一体となってキャンパス整備に努めています。本年四月よりはスマートキャンパス実証事業により、エネルギーマネージメントシステムの確立やＣＯ２削減に向けての取り組みがスタートします。自分たちの力で建設した環境・情報科学館、図書館や共通教育校舎の改修により学生の皆さんの学習環境は著しく改善すると思っています。その中で、三重大学の教育目標である、考える力、感じる力、コミュニケーション力を養い、生きる力を身につける新たな「学び」をスタートさせてください。この学びはスティーブ・ジョブスの世界からの脱却とも言えるのではないでしょうか。時にはアイフォンやアイパッドを使わないで、友人、先輩と議論を繰り返しながら学習効果を高めてください。まさに、ラーニングコモンズの実現です。

本年度の入学者は三重県出身者が全体の四三％を占め、愛知県が三五％です。岐阜県と静岡県を加えると八五％近くが東海地区の学生です。まさに地域圏、特に東海圏の大学です。大阪が三％、関西圏全体を加えても一〇％と少ないのが気にはなります。幸いにも全国四〇の都道府県からの学生が入学してきてくれています。男子学生は愛知県三九％で、三重県の三八％を上回っていますが、女子学生は四九％が三重県と半数近くを占めています。この数字は娘を思う親心の現れでしょうか。少し考え過ぎかもしれませんが。外国からの留学生が一〇名います。いずれの学生にも三重の歴史をよく知ってほしいと思っています。

真珠王、御木本幸吉氏も三重県鳥羽市の出身です。商才と向上心と社交性により成功を勝ち取ります。天然真珠など志摩地方の特産物が中国人向けの有力な貿易商品になると考え、実行に移します。天然真珠だけでなくアワビ、伊勢エビ、牡蠣、蛤などの商品を扱うだけでなく、物産品評会などを通して地元の産業振興にも尽力します。現在とよく似た時代背景と思いませんか。しかし、危機が訪れます。天然真珠を生み出すアコヤガイが乱獲により絶滅しかかります。が、御木本翁の挑戦への意欲は衰えません。貝の養殖に何度も失敗しますが、発想の転換により貝の中に異物を挿入し、ついに真珠の養殖に成功します。数々の苦難を乗り越えられたのは、彼の成功するはずだとの信念と彼を支える多くの友人知人がいたからでしょう。

大学時代には遠慮せずに失敗をしてください。失敗を勧めるとは可笑しいと思うかもしれませんが、失敗すると「どうしてそうなったのか」を自分の頭で考えるようになります。それを繰り返すことにより考える力はもちろん自らに自信がついてくるでしょう。自信の有無がいかに人々の行動や成績を左右しうるかは、数々の実証的研究によって証明されています。「懸命にものごとに取り組むほど、人の意志決定能力は高まる」と信じている人は自らチャレンジングな目標を掲げ続け、優れた課題解決の戦略を駆使して、成果を上げることができます。自信をつけるということは「成功することができる」という信念を持つことだと思います。そして、学問はもとより、クラブ活動にも積極的に取り組んで欲しいと願っています。

三重大学はこれまで地域との連携による独自性溢れる三重大ブランドを数多く作り出してきました。地域を重視することは地域に閉じこもることではないことは先の伊勢の神宮発展の経緯をみれば明白です。目的は地域であってもわれわれの活動の場は広く世界に求めなければなりません。そのことにより、国際的に注目を集める教育・研究の拠点を形成し、学際性に優れた成果を創出することになります。そのためには、皆さんが積極的に海外を目指して下さい。大学は応援します。

新入生の皆さん、三重大学の佳き伝統である教職員、学生の一体感をこれまで以上に強め、生き生きとして元気で明るい三重大学を作りましょう。三重大学や三重という地域を良くしようとの意識を持って欲しいと願っています。その気持ちで着実に一歩一歩前に進むことができれば、素晴らしい地域圏大学として評価されるでしょう。われわれの明るい

未来のために、みんなで手を組んで、三重大学をこれまで以上に社会から期待される大学にしていきましょう。

# 学位記授与式

卒業式と称するか学位記授与式とするか？

三重大学では学部も大学院も学位記授与式を採用しています。大学によっては学部の学生は卒業式、大学院は学位記授与式としています。学部学生も学士の称号が授与されるので、われわれは学位記授与式として、後にカッコつきで学士、大学院としていますがどちらがよいかは意見の分かれるところです。しかし、あまりこだわるほどの問題ではありませんね。

学長室の前の桜エドヒガンが満開となった三月二五日にその学位記授与式が大学内の三翠ホールで行われました。ちなみに、この桜は早咲きですので毎年この時期に花を開きますが、多くの人の心に浮かぶ桜といえば入学式の祝花でしょう。温暖化の影響か？桜の開花が早まり一〇〜二〇年後には卒業生へのはなむけとなるかもしれません。多くの大学が学外の貸しホールでの式典ですが、キャンパス内の素晴らしいホールで行うことができる三重大学は幸せです。

今年は学士一三六五名、修士四二〇名、博士三七名が誕生しました。外国よりの留学生は学士八名、修士三五名、博士三名で、ベトナム、中国、マレーシア、インドネシア、韓国、バングラディッシュの国からの学生たちで、その健闘には目を見張るものがあります。特に学業に優れた学生を学長表彰としてその功績をたたえました。

学生たちへ送る言葉として例年と大きく変わりませんが、本年はブラジル訪問で感じたことを伝えました。三重大学南米同窓会の会員は二〇名、この数は国立大では一位、私立大学も含めても三位とのこと。昭和三〇年代から四〇年前半までの卒業生が大きな希望と夢をいだいて二か月以上の船旅で南米を目指し、待ち構える数々の苦労をものともせずに現在の成功を勝ち取った自信にあふれた表情だったこと。その皆さんが同窓会を開催し、二世、三世の家族を含めて総勢六〇人が集まってわれわれ一行を歓迎してくれたこと。彼らの三重大学学生諸君への熱いメッセージは「夢を持て」「人にばかり頼らずに自分で道を切り開け」「自信をもって事に当たれ」など、今の日本に欠落しかかっている「志」と「心意気」を強くして人生を歩めとのこと。

世界のどこにでも三重大学の卒業生が活躍し、その人たちすべてが三重大学のことを気にかけてくれていることを卒業生たちが常に認識してほしいことを伝えました。

学位記授与式の式辞の内容に学生たちがどれだけ感じてくれたかは不明ですが、少なくとも私には彼らの輝いている顔と眼が印象的に写りました。

# 巣立ちに思う

今、学長室の前のエドヒガン桜が満開となっています。この桜は学内のどの木よりも早く咲きます。三月の二〇日ごろが見盛りです。それを見ながら卒業式（学位記授与式）の式辞を草稿します。桜の花とその蜜に集まってくるメジロの鳴き声に追い立てられるのが年中行事となりました。

本年の卒業生は五学部より一三六七名で、その中に中国、韓国、ベトナムよりの留学生六名が含まれています。学業優秀者五一名を学長表彰しました。今回の学長通信は卒業式での私の式辞の要旨を掲載します。

教育とは何かと問われると、自由社会で機能する市民となり、仕事や人生において創造的で、創作的である独立した存在になることを手助けすることと言うことができるのではないでしょうか。そして、個々の独立した人が現実の社会の中では他の人々と協力することにより大きな力を生み出します。みんなで力を結集すれば、いかなることも可能であることを心にとどめ、決して急ぐ必要はありませんが一か所にとどまらずに着実に前に進んでください。若者とは、これから何をするかという夢を持ち、それをやってやろうという元気のある者です。

東日本大震災から二年が過ぎました。この間、私も現地を訪れ津波による実に悲惨な状況や放射能汚染の現状を見、自然の破壊力の凄まじさに驚かされました。人間の作った文明が自然の前ではいかにもろいものであるかを痛感するとともに、自然との共生にわれわれの未来を見出さなければとの思いを強くしました。復興は徐々に進みつつありますが、被災された皆さんの悲しみや恐怖を考えるとき哀悼の気持ちでいっぱいです。

逆境、それは世界の人の誰にでも起こるものです。そして、逆境の中、気持ちが弱くなると、それを人のせいにしたり、不平不満をぶつけたりするものです。そんなことでは逆境から逃れることはできませんし、むしろ更なる苦境におちいっていきます。人生にとって逆境は避けられないものであり、それが簡単に取り除けられないものであれば、それと付き合っていけばよい。自分の道がつらいと嘆く前に、他の人も同じようなつらさを味わっていることを忘れなければ、それをプラスに変えられる思考が生まれてくるはずです。これは神様が私に与えた試練であり、私に大きな役割を与えてくれているのだと考えることもできるでしょう。

三重大学の教育目標を覚えていますか。すべての人が知っていると思っていますが、そんなことはないですよね！　忘れている人ももう一度思い出しましょう。「感じる力」「考える力」「コミュニケーション力」を通して「生きる力」を涵養することです。「生きる力」の涵養とは「自立した大人を育てるための教育」と言い換えることができるでしょう。「大人になるということは?」「働くということは?」「結婚をするということは?」、「親になり、子供を育てるということは?」「歳をとるということは?」、そして「死ぬということは?」を考え抜くことができる人財を育てることだと思います。「自分という人間は何者であって、どこから来て、どこへ行こうとしているのか?」の問いにどう答えるかを節目節目で考えなければなりません。

衣食住の多くの部分が海外からの輸入で支えられ、エネルギー源の大半が他国の資源に依存し、一方、車や電気製品を海外に輸出して得た資金をもとにわれわれの生活基盤整備がなされています。本当は世界の中の日本を意識しなければならないのですが、多くの若者が孤立した環境での心地よさを感じ、それがこのまま進行すると、エリア外との互換性を失い取り残されるだけでなく、適応性と生存能力の高い外国人に最終的にとってかわられる危険に陥るでしょう。日本をガラパゴス島にしてはなりません。

わが国の中に世界の誰もが了解するスタンダードを作り、それを十分に認識すること、グローバリゼイションを実現しなければならないでしょう。三重大学ではアジア諸国を中心に世界から多くの留学生を受け入れていますので国際色豊かなキャンパスとなり、グ

ローバルな基準ができています。留学生たちがそれぞれの領域の勉学に励み、日本文化を学び多くの成果を上げてくれているのがそのことを如実に示しています。このような環境で過ごした皆さんは十分にグローバルな人財となっているはずです。このことを社会で生かす努力を続けてください。

三重県はもとより日本で、世界で三重大学出身者が活躍している姿が報道されることを夢見ています。

三重大出身者がんばれ！

# 入学式──二〇一三年

二〇一三年の三重大学入学者は学部生一、四七〇人、大学院生四二九人、併せて一、八九九人です。学部は三重県出身者が全体の約四〇％を占めています。中国、韓国、マレーシアから一二人、大学院では八か国から二七人の留学生を迎えました。学部学生、大学院生を含めて八、〇〇〇人以上の学生と約二、〇〇〇人の教職員、併せて約一万人がこのキャンパスで学業や教育・研究あるいは管理運営に励み、それぞれの責務を果たしています。三重県で最大の組織体であることを自覚してその使命を果たさなければなりません。

今回の学長通信は入学式での私の式辞の要旨を掲載します。

本年一〇月には伊勢の神宮で式年遷宮が行われるのはご存じのとおりです。年間一、〇〇〇万人以上の参拝者が訪れると予想されています。パリにあるルーブル博物館への年間入館者が一、〇〇〇万人と言われていますので、この神宮への興味の高さには驚かされます。式年遷宮の理由はいろいろと言われていますが、世代交代と技術の伝承に大きな意味があり、当時は日本の総合科学技術研究所として機能していたと考えています。建築、調度品、衣装、宝物、薬草などの数多くの技術や知識が若い世代に伝えられたことは勿論、そこには新しい創意工夫も加えられたことでしょう。そして、取り壊された宮の古材は全国の神社に供給利用されたため、技術は広まっていったのではと想像します。電子情報化がなされていなかった時代のＩＣＴ（情報通信技術）の原型の一つだったのでしょう。三重大学がその発想を受け継ぎ日本はもとより世界に向けて情報を発信しましょう。

「一隅を照らす、是すなわち国の宝なり」との言葉を皆さんに送りたいと思います。天台宗開祖、最澄が人々を幸せへと導くために「一隅を照らす国宝的人材」を養成したいと、熱意をこめて著述したものです。そして「径寸（けいすん）十枚これ国宝に非ず、一隅を照らすこれ則ち国宝なり」と教えます。「径寸」とは金銀財宝のことで、「一隅」とは今あなたのいるその場所のことです。

お金や財宝は国の宝ではなく、家庭や職場など、自分自身が置かれたその場所で、精一杯努力し、明るく光り輝くことのできる人こそ、何物にも変えがたい貴い国の宝である。一人ひとりがそれぞれの持ち場で全力を尽くすことによって、社会全体が明るく照らされていく。「人の心の痛みがわかる人」「人の喜びが素直に喜べる人」「人に対して優しさや思いやりがもてる心豊かな人」こそ国の宝であると教え、教育の大切さを説きます。三重大学でもこのことを実践したいと願っています。

自信を持つことも大切です。その有無がいかに人々の行動や成績を左右しうるかは、数々の実証的研究によって証明されています。「懸命にものごとに取り組むほど、人の意志決定能力は高まる」と信じている人は自らチャレンジングな目標を掲げ続け、優れた課題解決の戦略を駆使して、成果をあげることができます。自信をつけるということは「成功することができる」という信念を持つことだと思います。そして、学問はもとより、クラブ活動にも積極的に取り組んでください。

われわれはこれまで地域との連携による独自性溢れる三重大ブランドを数多く作り出してきました。地域を重視することは地域に閉じこもることではありませんし、地域と共同して成果を上げること、そのこと自身が世界に情報を発信することになるでしょう。地域や日本では当たり前のことであっても、他の国では極めて新鮮であり、社会基盤の整備につながることも少なくありません。そのために、われわれの活動の場は広く世界に求めてください。皆さんが積極的に海外に出かけることを大学は応援します。

環境・情報科学館や新しく改修された附属図書館、共通教育校舎は学生の皆さんの学習環境を著しく向上させました。みんなで議論しながら学ぶこと、一人で文献をひもとくこと、それぞれの状況に応じた学びを通して、三重大学の教育目標である、考える力、感じる力、コミュニケーション力を養い、生きる力を身につけてください。

新入生の皆さん、三重大学の佳き伝統である教職員、学生の一体感をこれまで以上に強め、生き生きとして元気で明るい三重大学を作りましょう。三重大学や三重という地域を良くしようとの意識を持って欲しいと願っています。その気持ちで着実に一歩一歩前に進むことができれば、素晴らしい地域圏大学として評価されるでしょう。

三重大ブランド商品

# 年頭に際して――二〇一四年

「禿髭学長の通信」の愛読者？からいろいろな意見をいただきます。多くは「長い」と「難しい」の二点です。私の妻などは読む前から「長すぎるんじゃないー」と非難口調。「長い」は改善しなければなりませんね。私自身は軽妙なタッチの文章を書いたり読んだりするのは大好きですが、学長通信は主として学生や若い教職員へのメッセージと考えていますので、どうしても教訓的な話になってしまいます。退屈な点についてはお許しください。

教職員に向けての年頭のあいさつでも述べましたが、大学改革について少し詳しく触れます。改革のゴールは教職員の意識改革です。われわれは近代の大学の始まりであるフンボルト大学（ドイツ/ベルリン）を手本にしてきました。そのため大学は研究する場であって優れた研究をすることが素晴らしい教育につながるとの考え方でした。多くの教員が研究者で、仕事の中心は研究にありました。当然ですが大学教員の評価も研究が主でした。

大学の意義が人財の養成にあることは今も昔も変わりませんが、受け手側が大きく変化してきました。大学入学者が同世代の一〇%程度の頃は「素晴らしい研究者の背中を見てついていくことが教育そのものだ」でよかったでしょうが、五〇%以上が入学する時代の人財の養成は自ずと変わらなければならないでしょう。「良い授業は良い研究を生む」との逆転の思考が必要です。学生が主役で、彼らを育てるための教育が盛んに行われている大学でなければなりません。

教員は教育、研究の専門家であり、そして職員は教員とは違った角度から学生たちを支え育てる教育者でもあり、学生や教員を側面から支える専門的職種です。

プロフェッショナルは自らの専門性を十分に生かすために専門領域の知識だけではなくて、他の専門性と結合して初めて大きな成果が得られるでしょう。そのためには別領域の専門家(自分の専門についてはまったくの素人)に関心をもってもらえるよう、そして正しく理解してもらえるよう、自分の専門についてイメージ豊かに興味深く説明できなければならないでしょう。この人と一緒に仕事をすると成功するのではないかとの感想を持ってもらえば大成功です。そして共同研究となり目を見張る結果が出れば素晴らしいですね。

三重大学教員の研究シーズを、学外者に向けて分かりやすく解説する「三重大学全学シーズ集」を本学ホームページで公開しています。外部の人は頻回に利用しているようですが、大学内の教員はあまり利用していないのではと感じることがありますが。大学内で開催されているサイエンスカフェも大いに利用してください。午年です。馬の持つ圧倒的なパワーで天高く舞い上がってください。

ザンビア・ルサカの病院で回診

# 入学式──二〇一四年

四月八日に三重大学の入学式が行われました。一、四四三人の新入生が新たに三重大生となり、九名の中国、韓国、マレーシアの留学生も含まれています。本年度は三重県出身者が全体の四二%を占め、学部学生、大学院生を含めて約八、〇〇〇人の学生と約二、〇〇〇人の教職員、併せて約一万人がこのキャンパスに集合しています。

入学式の式辞で話した要約を以下に記します。

入学式はなぜ四月に行われるのでしょうか?

明治以前の藩校や寺子屋ではいつでも入学可能でしたし、明治になって欧米の制度にならって九月入学となりました。それまで一月始まりであった会計年度が税収の関係で一〇月となり、さらに四月に変更されたようです。それに合わせて学校の入学も四月に変更されました。それほど強い正当性があったわけでもないのに、それが定着してしまったのでしょう。現在行われている諸々の習慣や行事が当然であると受け入れる前に「なぜ」、「どうして」を考えることから始めることも必要です。そこから新しい取り組みが進みます。

濫觴(らんしょう)とはどんな大河もその始まりは杯を浮かべるほど小さいとの意味

で、物事の始まりのことです。何事においてもはじまりが大切です。皆さんの大学生活が稔り多いものになるかどうかは最初にかかっていると言っても過言ではないでしょう。高

校時代とは比べ物にならないぐらい自由です。それに伴って守らなければならない規律があります。そのことを十分に理解した上で積極的に行動してください。受け身では大学生活は充実しないことを認識しましょう。

Twitter や Facebook などのソーシャル・ネットワーキング・サービス（ＳＮＳ）はイノベーションを起こしました。あっという間に世界中に普及し、チュニジアやエジプトの革命の起爆剤となりましたが、それに使われてはいけません。情報リテラシーを十分に理解し、ネット社会を有効に利月しなければなりません。現代の若者にネットでのつながりを大切にしているようですが、それだけでは困ります。対面でのコミュニケーショ

ンがなければ真の友人関係は築けないことを深く考えてください。

大学生として教養を身に着けなければなりません。そのためにはまず本を読みましょう。大学生の本を読む時間が年々減少し、全く本を読まない学生が四〇％を超えていると報告されました。私の勧める本はジャレド・ダイアモンド『文明崩壊』、デレック・ボック『幸福の研究』、竹内洋『学問の下流化』などです。しかし、本の種類にはあまりこだわることなく、まずは一冊読み終えましょう。皆さんがこれから良い社会人として道徳的に生きていくために必要なものになるでしょう。それが教養です。

学生が溌剌として学問やクラブ活動に取り組んでいる姿が大学の象徴です。素晴らしい学生生活となることを祈っています。

# 第四章　明るい未来

# 聖書に学ぶ

学会出張中のホテルでの夜は何となく物悲しいので、たいていは友人や教室の若い先生との情報交換となります。食事と少々のアルコールが加わるため、よい気分で眠りにつくことができます。しかし、年とともに皆さんに煙たがられるのか、お声がかからなくなり早々に部屋へ直行ということが多くなります。昼間に新しい学術情報を一杯詰め込むため、部屋では学問書を読んだり依頼原稿を書く気にはなれず、退屈な時が多いが時には想像外の楽しみにめぐり合えます。その一つがホテルに備え付けの世界のベストセラー、聖書を開くことです。最初は嫌々開くのですが、読んでいるとキリスト教徒でない私でも意外におもしろく考えさせられます。

最初の夜「あなたは、今どこにいるのか」創世記のアダムとエヴァの話の中に出てくる言葉。通信、交通手段の発達に相俟って、人の行き来は激しく早く、情報は氾濫し、我々を取りまく環境は著しく複雑となってきています。あまりにも多い誘惑に出会い、それに負けるのに何の苦痛も感じなくなり、自分の日々を正直に見据えた自覚が失われることになります。日々の生活はもとより、業務や学習の中でたえず「どこにいるのか」と呼びかけ、自分が今どの地点をどの方向に進んでいるのかを答えつづけたい。そうすれば同じところに停滞していたり、時には後ずさりしていることがわかるかもしれませんね。かく言う私は、睡魔という刹那の快楽に身を委ねてしまいます。自らの願望と行動の乖離を確実に来しています。年齢のなせるわざと自らを納得させています。

二日目の夜は、「夕となり、朝となった」(旧約聖書、創世記)という言葉。一日は日没に始まる。暗闇の不安や恐怖に耐えよ、そうすれば光輝く希望に満ちた未来があるとの言葉を考えました。ある時、中学三年生の女の子が私にそっとささやいた。病気になる前の自分は好きでなかったが、今の自分はとっても好きなので大切に生きたいと。苦しい治療を乗り越えてきた自信で、未来を自ら築き上げる積極性に満ちあふれた顔で。あの泣き虫だった子がこんなに成長してくれたことに感動し、目頭が熱くなりました。羨ましくもありました。その夜は、心和む思い出の中、安らかな眠りとすばらしい朝を迎えました。素敵な朝は長くは続かず、携帯電話がなり、私の心臓が高鳴る。案の定、大学よりの事故の知らせだ。

三日目の夜は、「私は、季節季節に雨を与えるであろう」(レビ記)という言葉。世界でもとりわけ臨床医学の実践に優れている Mayo Clinic を訪れた時に、ここでのシステムはそこで働いている人々をいかに効果的に生かすかという基本思想に貫かれていると感じました。教職員がそれぞれの持ち場で生き生きと自信にあふれて働いていて、そこには季節の雨の恵を受けて素晴らしい果実や穂を実らせた植物と同じように、人々も活かされているようでした。そのためには、必ずしもその場での経済効率は優先していない。三重大学も経営や業務の効率化を考える必要がありますが、教職員や学生の意欲を掻き立てるような仕組みを作らなければなりません。三重大学の教職員は季節の雨がなくても実によく働く。それが自らを窮地に陥れていることを知りながら、苦しむ人に出会うと彼らを背負って敢然と砂漠にさまよい入るのです。ああ悲しいかな。神よ献身的な教職員に恵みの休暇を。このことは多くの日本人にも当てはまるでしょう。

四日目の夜は「安息日には、あなたたちの住まいのどこででも火をたいてはならない」が気にかかりました。これは、炊事などに火を使ってはならないということで、女性を家事労働から休ませることを願っての教えでしょうか。女性の教員を増やさなければなりません。「女性が働きやすい環境を」と声高に叫ばれ、託児所の充実が求められています。

しかし、もっと大事なことは世の男性が積極的に育児や家事に関与することではないでしょうか。先日、シカゴの若い整形外科医と食事をしました。彼の奥さんも医師です。彼に君も家事や育児をシェアしているかと聞いたところ、彼は即座に「いや、妻が家事と育児をシェアしてくれている」とウイットに富んだ返事をしてくれました。今からでも遅く

大学内に豊かに稔るゴーヤと

はありません。女性の教職員に安息日を。

四日間も外泊すると自宅の枕が恋しくなります。翌日の夜に疲れた身体で帰宅し、久しぶりの妻のそばでぐっすりと眠ることができました。神が光を朝となずけた爽やかで素晴らしい久方ぶりの休日が始まろうとしています。それとは対照的にひとときの安息を終えこれからの苦痛に耐えようとしている妻の迷惑そうな顔を横目で見ながら、私は知らぬ振りを決め込む。

# 明るい未来を

本年七月、皇后様が、訪問先のカナダの小児病院で難病の子供達のために「ゆりかごのうたをカナリヤが歌うよ……」の子守唄を歌われたと報道されました。病気と闘う子供達の勇気への賞賛と激励を込めて、優しさに溢れた歌声が耳に響くようです。この心温まる話に大喝采をお送りします。

平安時代末期に活躍した後白河天皇（後に上皇、法皇となり院政を布く）は私にとって歴代天皇で最も興味を引く人物です。藤原氏や源平を操った老獪さと熊野詣でを三〇回以上行った信心深さを併せ持ち、その上専横的君主でした。そんな天皇が当時流行した声楽の歌詞の集大成である「梁塵秘抄」を編纂しました。七五調の歌詞を鼓などの単純な打楽器の伴奏とともに謡い、今様（いまよう）と呼ばれていました。この天皇自身も一般大衆芸能であった今様の大ファンであり、自らも第一人者といわれるほどの歌唱力をもっていたと言われています。現代の天皇陛下が歌謡界のトップスターで、あの透きとおった甘い声でヒット曲を歌っているようなものでしょうか。実にほほえましい姿で、想像するだけで顔もほころびます。

「梁塵秘抄」は平安末期の庶民感覚が生き生きと表現されており、文学史や音楽史はもとより風俗思想史上にも重要な資料となっています。この歌謡集の中で最も人口に膾炙しているのは次の歌です。「遊びをせんとや生まれけむ、戯（たわぶ）れせんとや生まれけむ、遊ぶ子供の声きけば、わが身さへこそゆるがるれ」。歌詞の内容は「楽しそうなあの子らは、遊ぶために生まれて来たであろう。戯れしようとて、生まれたのであろう。子供達のあの声を聞けばわが身も浮かれて身体が自然と動き出す。」ということになるでしょうか。この歌の解釈はいろいろできるでしょうが、これまで長く苦難にみちた道のりを歩んできた人が、子供達に純真に遊ぶ心を忘れずに、健やかに育って欲しいと願う気持ちを詠ったものでしょう。当時の世相は、人々にこの世の終わりの到来を現実のものと意識させる暗澹たるもので、その混乱の最大の犠牲者は何も知らない子供達でした。しかも子供達は大人が勝手におこした戦乱の体験を自らの身体に刻み込んで次の世を生きねばなりません。そうだからこそ子供達だけには明るい未来が訪れるようにと祈らずにはいられなかったのがこの詩が真に訴えたかったことだと理解します。

この歌謡集が編纂されたのは変革の時代です。権力が貴族から武士へ移る過程で、権力闘争の戦乱が続き、それに相つづく天災による飢饉が加わり、政情が著しく不安となります。現代の日本も混沌とした激動の時代です。経済不況の中で政情は安定せず、価値観が大きく転換してきているようです。平安末期と同じ暗い時代であったと後世から評価されるのではないでしょうか。過酷なまでの競争の結果、勝者のみが礼讃され、敗者は切り捨てられ、人としての道徳観は廃れ、責任を放棄し、すべてを世の中のせいにする社会となってきているのが気懸かりです。大人達の身勝手な行動に子供達は振り回されて未来への夢が描けなくなっています。その上に、映像メディアの発達は一つの出来事を臨場感あふれる姿でわれわれに迫ってきます。これが繰り返し流されるため、瞬く間に拡がり、われわれは冷静な判断を一層鈍化させます。真の原因は何処にあるのかを見失ったまま社会全体がパニック状態になりかねません。いや、既にパニックに陥ってしまったケースをいくつか挙げることができるでしょう。

この殺伐とした時から抜け出すキーワードは「夢」とそれに向かう「気概」でしょうか。対極の意見の存在とそれを尊重する「多様な価値観」も重要であると考えます。

入学式の新入生たち

# 忘れられない贈り物——礼儀

先日、妻と二人でゴルフを楽しみました。最終組のセルフプレーで、二人だけの気楽なラウンド。午後三時過ぎ、後半のショートホールのティーグランドに上がるとアナグマがわれわれを迎えてくれました。痩せていて最初は何の動物かよく分かりませんでした。キツネにしては体毛が黒っぽ過ぎるし、タヌキにしては顔が長すぎる。アナグマにしては細すぎるが、よく見ると殿部に巨大な腫瘍があり、一部潰瘍化している。痛みがあるのか足を引きずり、しきりに腫瘍部分を舐めている。軟部腫瘍のために痩せてきているアナグマとやっと分かりました。整形外科医である私は習慣的にその腫瘍の病名を考えました。巨大になって自潰しやすくなる軟部腫瘍といえばまずは悪性線維性組織球腫が考えられるが、アナグマにその腫瘍があるかどうかは知らない。二〜三メートルまで近づいてもこちらをみているが、それ以上となると逃げて同じような間隔を保っている。何か食べ物をと思ったが何も持ちあわせはない。ジュースがあったので紙コップになみなみ注いでアナグマの前に置いて手招きをしても動こうとしない。後続のプレーヤーが来る心配がないので一〇分ほどにらめっこをしていたがアナグマは動こうとしません。あきらめてティーショットを打つ。谷越えの短いパー3、私と家内のボールはグリーン上に。名残を惜しみつつグリーンに移動し、パッティングしながらティーグランドを覗うがアナグマは動こうとしない。ホールアウトをするのを待っていたかのように、アナグマは嬉しそうに紙コップをくわえてジュースを飲み始めました。そして、私たちがホールを立ち去るのを見送ってくれました。礼節をわきまえた野生のアナグマ。少なくとも私にはそのように見えました。悪性腫瘍に罹患したアナグマの命は残り少ない。これから穴に入って、素早い動きで森の中を駆けめぐっていた頃のことを夢見ながら静かに最後を迎えてほしいと願うばかりでした。

プレー終了後、支配人にその話をすると、従業員は誰もアナグマをみた者はいないが、プレーヤーで見たものは多いと話してくれました。アナグマの出てくるこのホールは、距離は短いが、谷越えで大きな松がガードし、グリーンが大きく谷側に傾斜しているためストレスの多いパー3です。打球が谷に落ちたり、グリーンを大きくオーバーして苦笑いの時にも、アナグマのユーモラスな仕草によってプレーヤー達の心を和ませてくれたのでしょう。

アナグマが主人公の子供の絵本があります。スーザン・バーレイというイギリスの絵本作家の処女作。日本語訳題が「わすれられないおくりもの」で、原題は、「Badger's

Parting Gift」(アナグマの別れ・臨終の贈り物)。主人公のアナグマは森の中の長老で、杖をつきながら仲間の世話をしています。そんな彼が暖炉のそばで椅子に揺られながら手紙を書いているうちに眠り、夢を見る。夢の中の自分は杖をつくことなく、どこまでも続く長いトンネルを自由になった体で力強く、そして軽やかに走り抜けるのです。翌朝、「長いトンネルの　むこうに行くよ　さようなら　アナグマより」との手紙を残し、死んでいる姿が森の友達によって見つけられます。次の年の春になって、森のみんなは外に出て、誰もが、いろいろな形でアナグマから何かを教わっていた思い出を語り合います。アナグマはみんなに、宝物となるような知恵や工夫を残してくれました。時間の経過と共に、みんなの哀しみも消え、アナグマに対する楽しい思い出だけに変わっていきます。贈物は必ずしも形ある「物」ではなく、心の中や体にしみついたものでした。ゴルフ場のアナグマの贈り物もまさに形のない心にひびくプレゼントです。

「礼儀正しさ」とは誠意から生まれる丁重さと優しさのにじむ親切心。他人を尊重し、不愉快な思いをさせるような行いを決してしない。正しい礼儀作法は肩のこらないもので目立つこともなく自然で気取ったところはない。それが人当たりの善さにつながり、これはその人の一つの大きな才能です。

# 戦争と平和

太平洋戦争後六五年が経過し、戦後という言葉が死語になりつつあります。日本人は「忘却の民」と言われることがあるくらい過去を忘れることが得意な人が多いのではないでしょうか。高度経済成長時代は過去など振り返ることなく前に前に走り続けることでよかったのでしょうが、経済成長が多く望めない現在の状況の中で「よりよく生きる」ためには後ろを振り返ることも必要でしょう。

八月になるとテレビは「戦争の傷痕」を画きます。今年も例外ではありません。学徒出陣、原爆、シベリア抑留と極限におかれた人間像を赤裸々に画いた秀作が放映されます。戦後生まれの人口が七五%を超えた現代社会に住むわれわれに戦争の悲惨さや、集団の規律に強制的に縛られ自由を奪われることの苦しさや死の恐れを深く考えさせ、そして二度と戦争をしてはならないことを強く強く教えるために。

三重県でも太平洋戦争で約五万人の県民の命が失われました。大学のある津市でも終戦直前の昭和二〇年七月の空襲では市街地の大半が焼失しました。焼失率は全国一だといわれるほど凄まじいもので、一二〇〇人以上の市民が命を失いました。三重大学医学部の前身である県立医学専門学校もその時の空襲で一〇名以上の教職員、学生を失い、付属病院の大半も焼失し、機能停止に陥りました。戦禍の中、教職員と学生が一丸となって授業再開に奔走し、国民学校の空き校舎を借りて一〇日後に実現します。教室に机はなく、床に座っての講義でしたが、教える側も学ぶ側も真理の追求への目的に向けて一体となったと三重大学五〇年史に記されています。焼夷弾爆撃の死の恐怖の中でも、彼らの強い勉学への志は衰えることはありませんでした。この時に両親や兄弟を失い、戦後の悲哀、残酷、貧困の中にも、人間の誇りを失わずに新しい家庭を築いた歴史を知らなければなりません。

伊勢市に生まれた竹内浩三さんも、国家のために否応なく死ぬ運命を課せられ、その不条理かつ非人間的現実との葛藤と苦悩を心打つ詩に残しています。彼は応召後、昭和二〇年に太平洋戦争の激戦地であったフィリッピンの戦場で命を失います。二三歳の時でした。彼の詩はそのときどきの心の動きを素直に詠ったものが多く、われわれの心に直接迫ってきます。彼の「骨のうたう」という詩には、戦死することを覚悟していたのでしょうか、遠い他国で戦死するこらえ切れないほどの寂しさがひしひしと伝わってきます。戦争に対する怒りではなく、戦争という愚かな行為で自らの命を失わなければならないことへの悲しみをストレートに表現しています。

「戦死やあわれ　兵隊の死ぬるやあわれ　遠い他国でひょんと死ぬるや　だまってだれもいないところで　ひょんと死ぬるや　ふるさとの風や　こいびとの眼や　ひょんと消ゆるや」（中略）

「ああ　戦死やあわれ　兵隊の死ぬるやあわれ　こらえきれないさびしさや　国のため大君のため　死んでしまう　その心や」

どこかおどけた自嘲的な語り口の中に、極限の状況のもとでこそ人間性の残酷さが明らかにされることを詠っているのではと感慨深いものがあります。

彼は次のような詩も残しています。「たとえ、巨（おお）きな手が　おれを、戦場をつれていっても　たまがおれを殺しにきても　おれを、詩（うた）をやめはしない　飯盒（はんごう）に、そこ（底）にでも　爪でもって、詩をかきつけよう」詩に賭ける鬼気迫る執念です。

「沢村の前に大投手なし、沢村の後に速球投手なし」と謳われた大投手沢村栄治も伊勢市出身です。昭和九年に行われたメジャーリーガーとの日米対抗で、弱冠一七歳の沢村栄治投手がベーブ・ルースをはじめとする全米チームから9三振を奪う快投をみせ、互角の試合を演じました。試合はルー・ゲーリックのホームランで〇対一で負けはしたもののそれは日本野球史上に燦然と輝く初の快挙でした。このことを契機に日米の野球交流は盛んとなり、多くの子供達の夢を育んできました。私自身もプロ野球選手を夢見た熱烈な野球少年の一人でした。その後の沢村は中国、パラオへの二度の応召で選手寿命を縮め、三度目の出征でフィリピンへ向かう途中、乗船した輸送船とともに海に散ります。僅か二七歳でした。好きでたまらなかった野球での自らの夢を実現することができないまま——。彼の無念さを伝える文章は残っていませんが、戦場から帰還するたびにボロボロの肩になりながらも直ぐに野球に復帰した行動をみるとき心が揺さぶられます。プロ野球界はその年の最優秀投手に沢村賞を授与して、彼の栄誉をいつまでも称えているのはご存じの通りです。

二〇世紀の大量生産、大量消費時代はその裏で戦争という暴力によって支えられていました。二一世紀はバランスの取れた持続可能型環境社会にしなければなりません。「戦争の傷痕」を考えさせられる本を読んでみましょう。

（以前に中日新聞の「みえ随想」に書いたものを書き換えました）

ラーニングコモンズで議論する学生たち

# 日本の最も長い月—八月

東アジア、特に朝鮮半島に暗雲が漂っています。「蛮行許すまじ」の強いながれですが、独裁国家の悪政に翻弄され苦しむ多くの国民を考えると心が痛みます。悪政に手を貸すことなく、飢えや貧困にもがく国民を救う手だてはないものでしょうか。現在でも世界中の至るところで局地的戦闘が行われ、多くの人々が戦禍に倒れています。そして、兵器は益々先鋭化し、殺戮の凄惨さは増すばかりです。こんな人間の行動をみるとき、数百万年の間にわれわれは本当の進化を遂げたのか疑問を持たざるをえません。高度な文明は物質的な豊かさや便利さを作り出してくれましたが、人間としての本来求められるべき心の満足がえられているのでしょうか。知能、技術に加えてコミューニケション力を発達させ、「仲間であること」、「ともにあること」を行動規範の根底として進化を続けてきたことを思い出すべきでしょう。

今から七〇年以上前に日本は日中戦争さらには太平洋戦争へと突入しました。戦争を知らない世代が大半を占める現在、その悲惨さ、集団の規律に強制的に縛られ自由を奪われることの苦しさや死への恐れを深く記憶にとどめ、二度と戦争をしないことを誓わなければならないでしょう。一九四五年八月に敗戦となり、その後この月は誓いの月です。三重県でも多くの命が失われました。軍人・軍属の戦没者は約四六、〇〇〇人、一般県民の戦死者は約三、六〇〇人で、併せるとおおむね五〇、〇〇〇人と記されています。当時の人口が約一二〇万人ですので、四％強に当たります。特に、終戦直前の昭和二〇年六月と七月の空襲では津市街地の大半が焼失し、焼失率は全国一だといわれるほど凄まじいものだったと記録されています。私の先輩も津城の堀の水中で恐怖に震えながら空襲の終わるのを待ったと述懐しています。

三重大学も多くの被害を経験しました。教育学部の前身の師範学校、生物資源学部の高等農林学校の学生は学徒出陣で戦地に赴きました。ある学年では半数近くの学生が戦死しました。特攻機で沖縄の海に散った学生もいました。三重大学医学部の前身である県立医学専門学校も空襲で一〇名以上の教職員・学生が命を失い、附属病院の大半が消失しました。教室に机はなく、床に座っての授業再開でしたが、教える側も教えられる側も真理の追求への目的に向けて一体となったと記されています。復興への足取りの中に現在まで脈々と続く三重大学の精神的バックボーンが醸成されます。それは教職員、学生の「絆（きずな）」です。その佳き伝統を認識してさらなる発展に繋げていって欲しいと願っています。

伊勢市に生まれた詩人竹内浩三さんのことは昨年八月の通信でも触れましたがもう一度記します。昭和一九年に太平洋戦争の激戦地であった南方戦線で戦死します。もっともっと多くの詩作を願っていたことでしょう。そのために人生の喜怒哀楽を経験したかったことでしょう。彼の詩はそのときどきの心の動きを技巧に走ることなく実に素直に詠んでいます。竹内さんが戦争に召集された年に書いた「骨のうたう」という詩には、戦争という愚かな行為で自らの命を遠い他国で失わなければならないことへの悲しみを直接的に表現しています。自らは遠い南の戦地で命果てるとも、骨はいつまでも残るから、そこから聞こえてくる詩に耳を傾けて欲しいとの願いの題名でしょうか。整形外科医の私は生きている人間の骨からも亡くなった人の骨からも聞こえてくる叫びを必死になって汲み取ろうとしました。それが良い治療に繋がると信じたからです。

わが思いを骨にしか託すことができない寂しさを「こらえきれないさびしさや」と詠います。

涙を誘う悲しい話の中にも嬉しいこともありました。津市西丸之内に戦禍の中にもたくましく生き続けているいちょうの木です。一二三号線三重会館前の交差点を西向かって進み、市役所を過ぎると左手に大きないちょうの木が張り出して見えます。樹齢約四五〇年の古木で藤堂藩の武家屋敷内にあったようです。昭和二〇年七月の空襲で丸焼けになりま

美しい三重大学の四季

したが、翌年奇跡的に青い芽が吹き、周囲の人達に大きな希望を与えます。その後、何度も伐採されそうになりますが、それも免れ今に続いています。

いちょうの木は幹が空洞になろうが、風で倒れようが、雷に打たれようが力強くよみがえり、自然の中でそびえ立っています。逞しいものです。われわれも失敗の中に希望を見つけ、挑戦する心を持ち続けなければなりません。

# 鎮魂の八月――空海と紀伊半島文化の道

八月は鎮魂の月。第二次世界大戦で日本人犠牲者は一般市民を含めて三〇〇〇万人以上、ドイツは五五〇〇万人（行方不明者を含む）、戦勝国であるソ連で二〇〇〇万人、中国で一〇〇〇万人と推定されています。全世界で五〇〇〇万人以上の人が戦禍に倒れ、当時の世界人口は約二〇億人と推計されるので約二・五％の人間を失ったことになります。人類はこの記憶を忘れてはならないでしょう。

昨年の八月に空海に二度出会いました。一度目は東京国立博物館で開催中の「空海と密教美術展」、もう一度は山折哲雄氏の著作「空海の企て―密教儀礼と国のかたち」の中でです。空海が実に豊かな教養、想像を絶する行動力、優れた国際感覚での交渉力の持ち主であることに異を唱える人はいないでしょう。

高野山奥の院への参道には何かしら神秘的な物を感じます。昼間でも鬱蒼とした林に囲まれ薄暗い参道を三年前の八月に数人の後輩たちと真夜中に歩きました。墓に霊魂など存在するはずがないと信じていてもそうとうに不気味です。霊魂いや生魂があるとすれば即身成仏した空海のものだけであり、それは奥の院の御廟内です。空海仏は救いの手でなければならないのに、それでも恐ろしいと感じるのはなぜか。死が誰にでも一度だけ訪れる確実な疾患であることを十分に理解しているはずの医師の私が何に恐れるのか。

四国霊場八八札所遍路の路も空海との「同行二人」です。四国の山中に生まれた私はしばしば近くの六六番札所である雲辺寺に遊びに出かけました。標高九〇〇m以上の所にある寺で、山頂から瀬戸内海が望めるため、山育ちで海を見たことがない私は友達と一緒にしばしば登りました。空海と二人とはこれっぽっちも思わなかったし、もちろん同行二人の言葉も思想も知らなかったが、実に楽しい山行でした。

高野山と伊勢は繋がっていて、それは伊勢の丹生の水銀に高野山との接点を見ることができます。空海の即身成仏や神宮信仰には水銀が必要であったのではと想像します。高野聖と神宮の御師は多くの共通点を有し、ここでの文化の交流が紀伊半島の屋台骨の一つです。

昨年、尾鷲市にある三重県立熊野古道センターで世界遺産登録五周年を記念して国際交流シンポジウムが開催されました。テーマは「文化の道」。そのシンポジウムの中で私の興味を引いたのは吉野山金峯山寺宗務総長の田中利典氏の講演でした。熊野の道は日本の宗教を結ぶ道であるとのこと。伊勢や京都の神道、高野山の空海密教や熊野の浄土信仰、吉野や大峰の山岳宗教（これは一部道教に由来しているか？）が南紀熊野一帯で融合するための文化の道であると彼は唱えます。

国土の大半を山地が占める我が国では山は古くから聖なる場所とされていました。紀伊半島の背骨となっている吉野・大峯から熊野三山への道は、古くから山岳信仰の霊地とされ、修験者などの山岳修行者が活動していました。若いころ何度か奥駈け道を登山して多くの山伏に会い、ある時には月の輪熊に遭遇して怖い思いをしたのもこの道でした。彼らの信仰の中心には仏とも神とも違う蔵王権現という日本独自の尊格があるといいます。蔵王権現の像容は、火焔を背負い、頭髪は逆立ち、目を吊り上げ、口を大きく開いて忿怒の相を表わし、片足を高く上げて虚空を踏むものですが、恐ろしさの中に優しさを感じる像です。

若い頃、那智勝浦町立温泉病院で勤務したことは以前にも書きました。那智は補陀落浄土に通じる道であると考えられ、そこにある補陀落寺の住職が死を迎えて南の浄土に船出をしたとの話があります。私がいたころはほとんど崩れかけた寺で、補陀落思想は見向きもされなかったが、最近は注目されてきているようです。豊かで楽しい社会での怖さが補陀落思想を再考させているのでしょうか。

# 仕事について考える

自分のことは自分で決めるという自己決定主義というべき価値観が若者の間で支持されている。うまく機能すれば人の生き方や考え方が自立している積極的な側面と、悪くすれば単なるわがままや身勝手な行動ととらえかねない。自分のことを自分で決めるためには相当覚悟がいるし、それなりの知識や見識も必要となるでしょう。若い時代には教わること、立派な先輩の生き方をロールモデルとして自らの生き方を考えることも重要です。それぞれの大事な局面で迷いのない決定などはあり得ないし、決定することよりもむしろその後が大切で、決めたことが正しかったと信じて一生懸命に努力することでしょう。決定に迷って何もしないのが最も悪い。

自己決定に際して考えておかなければならないことがいくつかあります。その一つは働くことの意義についてです。仕事は義務でなく、仕事を通して何かを実現したいという意欲を持ち、労働に生きがいを感じることができれば最高であろう。そして、働くことで人とのつながり、社会に参加でき、生きていくために必要な能力を身につけることができれば理想的です。はじめからそんな意識で仕事をしている人は少なく、生きるために、食べるために、自らの趣味を実現するために働こうとして、そして結果として先のことに結びつけばよい。

近世以前は文明の価値観は余暇におかれていました。自由時間にこそプラスの価値があり、労働で多忙なことはマイナスであるとされていて、それが資本主義の黎明期にはそのような考えが後退し、労働に大きな価値を置くようになり、労働を人間の本質とみなす考えが成立してきます。「生きるために働いている」あるいは「働くために生きている」ということになり、そして更には市場原理に基づく成果主義が強調されるために、労働が一層過酷になります。「成果を上げないものは食うべからず」の精神が尊ばれ、競争はますます激しくなる。

ここに格差が生じる。競争に公平性が担保されれば格差が生じるのはやむをえず、それをセーフティーネットで埋めればよいとするのが資本主義の原理です。労働をいかに社会に位置づけるか、格差はどこまで是正すべきかは重要な政治哲学であるはずですが、現代の政治にそれができているとは思えない。われわれ国民自身も成長戦略ばかりに目を奪われ、成長の限界やこの国の将来像に目を向けようとしない。われわれ自身がこの国の将来像をどう描くかが最も大切で、それを国に任せることではないはずです。

仕事と家庭の調和（ワークライフバランス）で私生活も充実できるように職場や社会環

境を整備することが求められています。最も身近に語られるのは仕事と育児の両立についてですが、日本人の満足度は欧米に比べて低い。就労時間の長さや休暇の取りづらさ、柔軟性のない就労時間、通勤時間など、「時間」を要因と考えている勤労者が圧倒的に多く、生活に時間をかけたくてもできない事情があまりにも多すぎることが原因と言われています。本当にそうでしょうか？　育児にはこのことが当てはまるかもしれませんが、家庭を大切にすることができない理由として時間を上げることについてはいささか疑問に思います。仕事に集中と緩和をつければ家庭や余暇を楽しむ時間は作れるはずで、それに地域コミュニティーとのつながりを強めれば仕事以外の楽しみも見つけることができるでしょう。多くの日本人の「仕事大好き」が一番の原因ではと考えるが如何？

暑い夏の到来です。日中暑いのは我慢できるが、夜まで温度が下がらずに寝苦しいのは耐え難い。数週間の休暇を取って避暑地で家族とともに趣味を楽しみたいとの思いは強い。その決定に躊躇するのにはいくつかの理由があり、その一つは家族、特に妻の説得です。日頃は積極的に会話や行動を共にしていないため、自分の都合だけでは思い通りには事が進まない。もう一つは仕事上のことです。「自分がいなければ」との思いがある。自分がいなければこの組織は動かないとの自負心は仕事をする上では大切ですが、「余人に替えがたし」との言葉は虚構であり、代わりはいくらでもいることも知らなければならな

世界一の環境先進大学を目指す象徴の環境・情報科学館

い。それを知れば、休暇を取りやすくなる。

来るべき秋に向けてエネルギーの蓄えに努めようではありませんか。

# 人は移動する

先日、国立民族学博物館（民博）と日本経済新聞社主催の講演会「だから人類は地球を歩いた」を聞く機会に恵まれました。大阪万博の跡地にある民博が東京ではあまり知られていないのではとのことでの情報発信を目的として毎年新聞社と共同で開催しているとのこと。民博の教員による講演とパネルディスカッションです。規模は小さいが三重大学も東京、大阪で先端研究シンポジウムを開催して七回目となり、大学教員による研究紹介で、三重大学を知ってもらうのに役立っています。

およそ二〇万年前にアフリカ大陸で旧人より進化したわれわれの祖先は七万年程前にアフリカを出て、全世界に広がったとされています。その集団は数百人程度ではとも考えられ、なぜ移動する必要があったのか？　本当のところは解らないが、それを想像するのは大きな夢です。戦後間もない頃、江上波夫氏の日本国家成立の起源として唱えられた騎馬民族国家説に多くの国民が心躍らせました。その信憑性は高くないが、考古学とは自らの仮説を説明するのに都合の良い事実を如何に多く集めるかに係っているのではと考えますが、こんなことを言うと考古学者に叱られそうです。しかし、われわれの遠い祖先に思いをはせるのは感性を揺さぶります。

人の集団の移動には経験的移動、計画的移動、偶発的移動、それに特に理由もなくなんとなく移動するなどがあろう。われわれの祖先の小集団が全世界に広がったことを考えるとき、移動することが大好きな種族であり、文化とさえいえるものがわれわれの遺伝子に組み込まれているのではと想像したりもします。

ミトコンドリアＤＮＡの解析によれば、アフリカを出た小集団はヨーロッパやアジア、さらにオーストラリア、アメリカ大陸へと急速に拡散していきます。日本列島にも最速一〜二万年のスピードでやってきたことになるし、アメリカ大陸に到達した人類は、わずか一〇〇〇年程度で最南端に到達したと考えられています。数百万年単位の原人や旧人の拡散に比べると、このグレートジャーニーと呼ばれる人類拡散のスピードは目覚ましいものでした。これには人の好奇心だけではなく、現代のモータリゼーションに相当するテクノロジーの発達があったのではと勝手に想像します。何の根拠もないが船と航海法を手に入れたのでは？

気候変動や人口増加、集団間の対立などの問題が生じて、その結果押し出されるように移動する外的要因があったにしても、危険を承知で集団のなかの好奇心に満ちた、勇気ある人々が、新しい土地へ率先して出て行ったことは想像できるでしょう。ある者はフロン

国際留学生フェア

ティアへ集団を率いて旅立った。その結果として、内側から沸き上がる未知への好奇心、非日常を体験する喜び、ツーリズムに魅力を感じる心理などを私たちの特性として確立していったのではないかと考えます。

日本の若者の海外留学志向は減少しています。多くの理由が考えられますが、未知への好奇心が希薄となり、移動行動をとらなくなっているのも一因でしょう。この気持ちを取り戻さなければ、急速に進む世界のグローバル化の中で日本の将来展望は開けません。

# 第五章　高齢社会、男女共同参画

# 超高齢社会を考える

日本は二〇〇七年に超高齢社会に突入。六五歳以上の人が総人口の二一％を越えたということです。一九七〇年に六五歳以上の人口が七％を越え高齢化社会となり、一九九四年に一四％を越える高齢社会となりました。この間僅か二四年。フランスが一一五年、スエーデンが八五年、イギリスが四七年であることからすると、世界のどの国も経験したことのない猛スピードで高齢化が進んでいます。超高齢社会まではさらに短い一三年。二〇〇四年には九〇歳以上の人口が一〇〇万人を越えたと報道され、二〇〇九年には一〇〇歳以上の百寿者が三万六〇〇〇人、二〇五〇年には七〇万人になると推計されています。見事な高齢化です。

高齢者の若返りにも目を見はるものがあり、二〇〇二年のある調査では六五歳以上の人を一〇年前と比較したとき、握力、通常歩行速度など基本的な運動能力は三～一一歳若返っていて、その傾向はさらに進んでいます。熟年パワーは衰えを知らない中、特に「おばあさん」の活躍はめざましい。どこに行っても堂々とした「おばあさん」の集団が闊歩し、あまりの堂々さに後ずさりすることさえあります。

それに比べて「じいさん」の温和しさはどうしたことか（私も含めて）。まだ生物学的に生殖能力？（生殖活動だけか）を備え十分に存在意義があるのに、どこで自信を失ってしまったのか。しかし、輝いている「じいさま」もたくさんいますが、活躍しすぎると時には老害と非難され、幾つになっても生きることの難しさを知らされます。

私の恩師の一人である整形外科医で、大正九年生まれ、関節リウマチの権威の七川歓二先生（残念ながら昨年九四歳でなくなられました）。私が整形外科の研修を始めた頃の助教授で、よく叱れたが研修医の意見にも真摯に耳を傾けてくれる尊敬できる先生です。先生とは年に数回学会の会場や懇親会でお会いし、気楽に話をさせて頂いているが、四月にも名古屋の学会でお会いしました。会場は新装となったウインク愛知である。二階の会場から九階のランチョンセミナー会場への移動に際して、エレベーターの前に長蛇の列ができていました。ランチョンセミナーは弁当付きの講演であるため、いつも盛況。私は階段で行きますから、先生はこの列に並んで下さいと申し上げると、「ワシも階段で行くわ」とおっしゃる。九〇歳のじいさんが七階分も階段を上がるとは「冗談ではない」と思ったので「止めて下さいよ」とお止めしたが、「内田には負けられん」と闘志をむき出しにされ譲らない。それではと二人で階段を昇り始めた。一〇数人の若い先生達も後に続いた。

気を遣いながらゆっくりめの歩調で登っていくが、先生はスタスタと歩を進める。七階当たりから私の息づかいがやや弾むので、先生のはと様子を窺うと同じように少し弾んでいるが、歩調はゆるんでいない。九階の入り口まで到着し、若者はと後ろを振り返るが、誰も後に続いていないではないか。歩きなれてないのか、はたまたそんなところにエネルギーを使いたくないのか、これが現代の若者気質か？　いずれにしろ初老と熟老の二人は九階に到着、別々の会場に入場しました。講演を聞きながらの弁当を終えると、先生が隣の会場で心臓発作でも起こして倒れているのではないかと急に不安になりました。講演者には失礼でしたが、中座して慌てて隣の会場へ。後ろから見わたすと、一番前の席で弁当をパクついているではないか。こっそりと傍の席に座って「大丈夫ですか」と小声で尋ねると、「しっかり歩いたので弁当が美味いわ」との返事。「ゆっくり食べますね」「歯が悪いでな」とほとんど一時間の講演が終わる頃まで弁当をつついておられた。なかなか歯切れの良く、理路整然とした講演であったが、先生曰く「臨床にしては話が上手くいきすぎてるわな、信用できへんな」　辛口の批評、耳を傾けるべし。

私の専門とする研究会で訪れたイタリア北部のボローニャに程近いファエンサという田舎町では、実にイキイキした「じいさん」達にめぐり合いました。

研究会の組織委員長は七〇歳過ぎの工学部の教授です。演者の前の席に陣取って、自分の気に入った発表には持ち時間を超過しても、ニコニコして聞き入っているが、気に入らない講演では早々に終わるように司会者に目配せをする。それでも終わらなければ、演者本人の前に仁王立ちとなって終了を迫るのです。イタリア訛りの英語でまくし立てるので、はなはだ聞き取りにくいが、何が言いたいかがよくわかるから不思議です。わがままじいさんですが、その強烈な個性は魅力的。

この町最高のホテルと銘打っているが、何せ田舎町。出立の日、朝食のためホテルのレストランに出かけると、早朝ゆえ客は学会に参加していた六〇歳代後半の科学者一人のみで、店員も見あたらない。フランスパンを四個、生ハムとチーズを皿に山盛り取っている。よく食うじいさんだなと思いながらチラチラと盗み見をしていると、フランスパンの間にハムとチーズを挟み、サンドイッチを作り、それを袋に詰めているではないか。何と昼飯を調達しているのです。目が合ってニコッとした顔はおまえも作れと促しているようう。その先生と駅で再会。私は別料金を払ってミラノへ特急列車に、老先生は先着して特急を待つ各駅停車に乗り込んだ。そんなに急いで帰らなくても、ゆっくり列車の中で朝作ったサンドイッチを食べながら行こうよと言っているかのようでした。逞しいじじいさんです。

サイエンスカフェ「美しい高齢者を目指せ!!」

素敵な「じいさん」はあなた方の身近にもいます。その根源は新しいものに対する興味と挑戦でしょうか。現状に止まらずに絶えず前進することに何とも言えない魅力を感じる。自らが学ばなければならないことはたくさんあり、そのお手本をどこにでも求められます。その気さえあれば。

# じいさんの立場から高齢社会を考える

二〇〇七年に夕張市が財政再建団体となり、事実上破綻しました。その大きな原因は、構造的な問題である石炭産業の衰退による人口減少とそれに加えての高齢化でしょうか。結果として夕張市は「全国最低の行政サービス」と「全国最高の市民負担」となりました。環境、福祉、教育などの水準は最低レベルになり、一方、住民税や固定資産税など税率が引き上げられ、公共施設利用料、各種手数料などは高く設定され住民負担は増えます。将来に向けたインフラ整備や学校施設など生活に必要な整備も計画的には実施できない極めて困難な状況に追い込まれました。このようなことはわれわれの周りを含めて日本中どこの市町にも当てはまりますので、他人事ではありません。

世界の観光地ギリシャも財政危機に陥っています。観光しかない国での観光の衰退と高齢化（世界四位の高齢社会）、それに加えて、経済規模に比べて異常に多いと思われる公務員の数と過剰優遇でしょうか。多すぎる公務員の増え続ける給与や豊かな年金保障はうらやましくもありますが、それで国が滅びるとなると到底受け入れられません。国の緊縮財政政策に対する国民の反発が報じられていますが、ここは自己中心の欲望を抑えなければEU諸国の支援は得られないでしょう。

現在のギリシャを予想させる出来事を一〇年近く前に経験しました。イタリアの学会に招待された帰りの飛行機でのことです。ミラノからジュネーブへのフライトでした。隣の席に中年の太った男性が座り、話しかけてきました。「お前は幾つだ？」と聞くので「五五歳だ」と答えました。「まだ仕事をしているのか？」との問いに当然のごとく「ばりばりの現役だ」と。「あなたは？」との私の問いに「自分は五三歳で既にリタイアーして年金生活をしている。今回はジュネーブに住んでいる妹の所に行き、数ヶ月一緒に暮らすんだ。」とのことでした。本当の妹かどうかを疑うほどの脂ぎった男性で、私に「お前は働き過ぎだ。早くリタイアーをして私のような生活をすべきだ。」と説教されたことを思い出します。その時、彼の口からギリシャでは五〇歳の前半から年金が支給されると聞いたように記憶しています。我々は、働くこと学ぶことの大切さを忘れてはならないでしょう。

この話の飛行機に乗る前の学会で訪れたのはイタリア北部のボローニャに程近いファエンサという田舎町でした。そこで実にイキイキしたじいさん達にめぐり会いました。長いイタリア式夕食を終えてホテルへの帰途、デュオーモ（教会前の広場）での出来事。ブティックの刺激的な女性の下着をウインドーショッピングで見入るじいさんを見かけました。何を想い見つめているのか。若かりし日々への憧憬か、はたまた、孫娘へのプレゼントでもと思いをめぐらせているのか。そのじいさんとブティックを交互に見ている私と目が合った時、じいさんはテレ笑いでなく、さわやかに微笑んでくれました。男同士何か通じるものを感じました。色気のあるうれしいじいさんでした。

屋外のカフェでは巨大なアイスクリームをパクついているじいさんがいました。若い女性でも食べるのを憚るほどの大きさのアイスクリームを広場で練習を繰り返している鼓笛隊の笛やラッパに合わせるかのようにリズミカルにパクついているのです。生活習慣病なんてくそくらえとばかりに、元気いっぱいの愉快なじいさんである。

孫の乳母車を黙々と押すじいさんは、すやすやと眠っている赤ん坊を見つめながら、乳母車の押し方はかくあるべしと誇らしげな顔をしていました。若夫婦は週末のディナーパーティーに出かけ、おばあさんは友達同士でおしゃべりパーティーにでも出かけたのか、孫と二人のふれあいの時を楽しむ、やさしいじいさんです。

犬の散歩をまかされているじいさんもいました。しかし、散歩とはとてもいえないほど全速力で犬を走らせ、自分は汗だくになりながら自転車で伴走しているのです。デュオーモに通じる放射状の道を出ては帰り、何度も何度も繰り返し、自分と犬の体力勝負に夢中になっている元気一杯なじいさんには運動の大切さを教えられました。しかし、やりすぎは禁物です。

ホテルへの近道である小さな路地で、おそろしく腹のせり出した神父さんと私の傍を猛スピードで車がすり抜けて行きました。神父さんは私の顔と通り過ぎた車を交互に見ながら「危なかったたな。神がわれわれを救い賜うた。」と大げさな身振りで肩をすくめ十字をきり祈った後、私に微笑みかけてくれました。一切れのパンに感謝を捧げる毎日にしてはあまりにも太りすぎではあるが頼りになるじいさんにみえました。夜のデュオーモはまさに面白じいさんのショウ会場でした。

元気で活力ある素敵なじいさんはたくさんいます。その素敵さの根源は新しいものに対する興味と挑戦でしょうか。現状に止まらずに絶えず前進することが魅力となっているのでしょう。しかし、じいさん達も迷っています。これまで培った知識や技術を活かしたいと願っていますし、気力体力ともに十分ですが、若者の雇用を奪うのではないかとのジレンマの中で葛藤を繰り返しています。

男女共同参画が強く求められ、女性の雇用を促進しなければなりませんが、高齢者の中ではじいさんに救いの手が必要でしょうか。逞しいおばあさんよろしくお願いします。

（中日新聞に連載した「みえ随想」より一部を転載）

# 長寿

　私のごく親しい知り合いで今年八八歳を迎える老婦人がいます。早くにご主人を亡くされ、その後二人の子供を育てながら商売を成功させた気丈夫な人です。現在は長男が後を継ぎ益々繁盛させています。しかし、未だ強い影響力を有していると人づてに聞いています。老いてますます盛んなのは素晴らしいことで、八〇歳まで生きる女性の約一〇人に一人は百寿者になるとの推計値も出されています。八八歳の女性の中で五～六人に一人は一〇〇歳の長寿を迎えることができるのではと想像します。彼女にはぜひとも百寿者になってほしいと強く願っています。ごく最近、曾孫を授かったと聞いていますので、その子の花嫁姿をみるまで元気でいてほしいものですね。

　「八十八」の字画を詰めると「米」の字に通ずるから米寿というのはご存じのとおりです。江戸時代になってからは、親類・縁者を招き、一家一門の長老の寿福や家門の繁栄を喜び合う宴席を催すのが一般的となり、今に及んでいます。還暦（六〇歳）、古稀（こき）（七〇歳）、喜寿（きじゅ）（七七歳）に次ぐ最終の長寿の祝いとして、行われてきましたが、高齢化の著しい今日では、卒寿（そつじゅ）（九〇歳）、白寿（はくじゅ）（九九歳）

の賀寿が追加され、百寿者も増加しています。その数は現在約五万人、二〇五〇年には七〇万人に達すると推計され、世はまさに超高齢社会です。

長寿を尊ぶ思想は、儒教に根差したもので、日本には平安時代に伝わり、貴族間で広まったとのこと。室町時代の末期になってから現代のように、十干十二支が一巡りする還暦を一つの節目として祝い、これに数々の賀寿が続くしきたりとなったようです。還暦では「暦が一巡し赤ちゃんに戻る」という意味で、赤い衣服（頭巾やちゃんちゃんこなど）を贈る習慣がありますが、それは赤い色には魔除けの力があると考えられ、産着によく使われていたことからこの贈り物がなされています。私も六〇歳の時、同僚や後輩からゴルフ用の赤いベストを送られ、その場で全員写真を撮りましたが、その後は一度も着ることなくお蔵入りとなっています。誠に申し訳なく思っていますが、恥ずかしくて着る気にはなれないのが本当の気持です。しかし、これも本人の自意識過剰ですね。周りの人たちは赤やピンクの服を着ている高齢者を見てもおかしいと感じることはなく、むしろ好ましいと思っているのではないでしょうか。昨年六月ジャカルタで派手なバティックを現地在住の日本人に勧められ購入してきました。これまでは未だ袖を通したことはありませんが、今年はクールビズの期間中に挑戦したいと考えています。

七〇歳を古希として祝うのは、唐の詩人杜甫の作「曲江の詩」の「人生七十古来稀」にちなんだものでしょう。七〇歳まで生きる人は稀だった時代にその長寿を祝賀したものでした。時代とともに長寿者が増え、「喜」の字を草書体で七十七と読めるところから、七七歳を喜寿として、傘の略字が八十と読めるところから八〇歳の長寿を傘寿として祝い、米寿は先述した通りです。卒寿は、卒の草書体が九十と読めるところからきた九〇歳の祝、白寿は「白」に一を加えると「百」の字になるところからきた九九歳の祝いになりました。長寿の祝が増え続けるのは好ましいことで一〇〇歳からは毎年祝をしてもよいほど素晴らしいことですね。

翻って欧米では長寿をどのように祝っているのでしょうか。五〇歳、六〇歳、七〇歳などの誕生日は盛大に祝うようです。特に六〇歳の誕生日は「六〇周年祭」として長寿を祝い、この年のプレゼントはダイヤモンドを送るのが一般的とのことです。素晴らしいことで、アメリカに生まれればよかったと思っている人も少なくないでしょう。赤い「ちゃんちゃんこ」よりダイヤモンドがよいですよね。

最後に詠み人知らずの歌を一句。

長寿社会を　生きぬくためにゃー
おしゃれに色気に気を遣い、若い人との付き合いを、楽しむ賢い年寄りに。

お前は偉いわしゃダメだ、褒める言葉を使いつつ、これで可愛い年寄りに。
あの世で金は使えない　子供や孫に使わせて、それを喜ぶ年寄りに。

超高齢社会をテーマにした本学の先端研究シンポジウム（写真はあっぱれ体操）

表と裏が　仲良くは　できないことを　知っている
それならいっそいつまでも金の亡者であり続け、
意地悪しながら生きるのも、
おもしろ老後の生き方か。

# 男女共同参画社会を考える

ニコラス・ウエイド著の『五万年前　このとき人類の壮大な旅は始まった』の中に書かれていることを要約すると以下になります。

五〜七万年程前、単に解剖学的なヒトから言語での正確なコミュニケーションができ、さらに装飾品を作ったりすることができる行動の上でも現代的な人へと進化しました。一万年程前に起こった定住はこれに匹敵するほど重要な変化であり、考古学者は定住に移行したことを革命と呼んではばからない。現在の狩猟採取民をみると、私有財産をほとんど持たないので富の差はなく、誰もがほぼ対等であるのに対して、初めて出現した定住コミュニティーの社会組織は全く違っていました。家を建て、ものを貯蔵したことが私有物を持つことに拍車をかけ、あるものは他のものよりたちまち多くを手に入れ、地位が高くなっていきました。こうして昔ながらの平等主義は消え失せ、階層社会が出現し、そこには首長と平民、富めるものと貧しいものができました。その中で互恵性（ギブアントテーク）が生まれ、コミュニティーを持続させるために「たかり」行為に対抗する手段を持つ必要が生じ、それが宗教として発展していきます。

言語、互恵性、宗教が人の社会をまとめている三要素ですが、はるか古い時代、およそ一七〇万年前に人類が適応して、類人猿社会と決別したもの、それが男女の絆でした。男女の絆を大切にして、女性は喜んでたった一人の男性の子供を産もうとして、そのお返しに男性は自分の家族を進んで守ろうとしなければ、人間らしい行動の多くは発達しませんでした。

ここからは私論になりますが、それではどうして男女の絆が発達したか？　進化論的に言えば、男性が女性を奪い合う闘争を、またその逆のことを回避できれば生産性が高まるからと説明できるでしょうが、論理的ではあるが面白みはない。そこでまったく別の視点で考えてみると、直立二足歩行の影響が最も強いのではと思える。直立二足歩行による脊柱構造の変化は仰向けに寝ること（仰臥位、空を見上げながら寝る）を容易にしました。これは対面でのセックスを可能にし、お互いの表情を確認しあいながら生殖活動を営むことができるようになり、これまでとは違った感情が芽生えました。紛れもなく愛おしさを認識し、それを未熟ではあるが言葉のようなものとして表現することができたのではと考えられます。まさに男女の絆の成立です。

三重大学はタイにある多くの大学と連携を結んで、積極的に交流を勧めています。多くの留学生を受け入れ、教員の交流も活発です。そのため私自身も毎年一、二回はタイの大学を訪問します。女性の社会進出の多さに驚かされます。八〇％以上の成人女性が就労。この数字は世界的にも極めて高い数字です。その理由として、男性は僧侶になることを尊いとし、女性は経済活動により得た収入を僧侶に捧げることを良しとし、女性を中心とする家庭生活が挙げられるでしょう。三食のほとんどが外食であるため、女性が家事から解放されていることも大きい。男性が僧侶、軍人、警官などになるため、女性の働く場が開かれているが、意志決定の場への進出は未だ少ない。しかし、現首相は女性であり、王女の活躍もめざましい。タイから学ぶべきことは多い。

先日、名古屋での会合の後、近鉄電車にて帰津。金曜日の夜、二一時一五分名古屋発。そこではまさに女性優位の光景が繰り広げられているように感じました。隣の二〇歳後半と思われる男性はジュースとお菓子を食べながらケータイを操作していたが一〇分もすると昼間の疲れからか眠りに落ちた。私が津で下車するまで睡眠中でした。寝顔にも疲労感が漂っている。

斜め前には隣の男性と同年代と思われる女性は出発すると同時にバッグの中から缶を取り出し、飲み口を空け、ゴクゴクと美味しそうに喉を鳴らしている。ハイボールの缶です。

飲みながらケータイを操作し続け、一時も休みなし。一杯ひっかけながら仕事をこなす逞しい女性です。前席の初老期夫婦（と思われる）。主人はアルコールでも入っているのか健やかに眠っているが、隣の夫人は熱心に読書をしている。後ろの席は二人づれの若い女性。小さな旅行ケースを持っているので週末を利用した小旅行への出発か。しきりにガイドブックや地図を拡げて楽しそうに会話をしている。大きな荷物を所持している男性乗客の多くは週末に帰宅している単身赴任者に見える。顔や姿勢に疲労感が漂っている。この車両の女性優位は動かない。

先日、ソウルでの大学連携の国際会議に参加しました。中国、タイ、ベトナム、フィリピンなどのアジア諸国の国際担当コーディネーターは全て女性でした。彼女らが英語で自大学の宣伝をし、愛想を振りまくから連携もスムースに進みます。わが国では高い能力を有し、英語も堪能な魅力的な女性達がテレビ界で活躍していますが、彼女らの本来の能力を十分に生かしているとは思えません。彼女らに国際舞台への進出の機会を！

# もう一度男女共同参画社会を考える

わが国で女性の就業率が低いのはただただ男性の不理解によるものと思っていました。私自身も結婚と同時に家内にはそれまでの仕事を辞めてもらった。私は話し合い合意の上の了解事項と認識しているが、彼女は半ば強制措置であったと思っているようで、今でも稀にではあるが不満を口にします。その後の彼女の行動を見ていると、その時々の現状に上手に馴染んでそれなりに楽しくやっているようにもみえます。逆に家の中のことは私に一切口を挟ませないし、容易に台所にも入れない。どう考えてみても家では妻が優位であるのがわが家であり、女性の適応力の素晴らしさと逞しさには驚かされます。

最近、私のこれまでの認識を覆しかねない報告を目にしました。三重県男女共同参画センター「フレンテみえ」よりの二〇一一年度データブックがそれでした。

頼もしい数字から挙げると三重県の女性一人当たりの平均出生児数（合計特殊出生率）は全国平均を上回って、二〇〇六年の一・三五を底に上昇を続け、二〇一〇年は一・五一となった。全国平均が一・三九であるので少しばかり嬉しい数字です。しかし、人口規模を維持する数値が二・〇七ですので、この出生率では少子化には歯止めがかかりません。男性の生涯未婚率が二〇%を越え、今後さらに増加するとの報告を聞くと、我が国のように結婚と出産が強く結びついている国では早急に解決を図らなければならない少子化対策の一つです。未婚の人も結婚願望はあるとのことなので、昔のように「見合い」を積極的に奨励すべきでしょう。一方で離婚率は上昇し、最も多い申し立て動機は性格の不一致です。次に、暴力をふるう、生活費を渡さない、精神的虐待、異性関係と続いています。二番目以降は理解できますが、一番多い性格の不一致には納得がいきかねます。性格がどのようにして形成されるかについては多くの要素が考えられますが、育った環境が大きく作用しているのは間違いないでしょう。異なった家庭で育ったものが一緒に生活するということは、もともと存在する不一致を一致点に導いていくことが結婚です。そのことを前提とすると、わがままが過ぎるのではと思ってしまいますが、皆さんは如何?

未婚女性の考える理想ライフコースとの問いに対する答えは?　二〇年前に比べると減少しているが、専業主婦が理想とする人が全体の二〇%もあるのは驚きです。二〇〇二年の一〇年前の統計に比べるとやや増加傾向にあるのも気になります。男性がパートナーに専業主婦を望む率は僅か一〇%であることは何を意味しているのでしょうか?

先のことと矛盾すると思われる国際比較データも掲載されています。「男は外で働き、妻は家庭を守るべきである」という考え方に賛成、どちらかといえば賛成は我が国の男性で六五％、女性でも五七％と反対派を大きく上回っています。驚きの数字です。スウェーデンでは反対派が圧倒的に多く、男性、女性とも八五％以上となっています。フランスでも八〇％が反対派で、アメリカでは六〇％、韓国でもわずかながら反対と答えた人が多くを占めている。しかし、三重県の統計では賛成派は男性で四八・一％、女性で四〇・四％と低く、先の国際比較のデータは七〇歳以上の三重県人の値と一致し、男女ともに若い世代では賛成派は少ないが五〇歳を過ぎると増加します。賛成派が増える年代は男性が早く増え始め、若い女性でも三割以上の人が家庭を守るべきとの考え方をしています。「理想とする」とは一〇％程度の開きがあるが本音と建前のギャップによるものでしょうか？

女子大学生や女性研究者の現状をみてみよう。全国の人文科学系の女性比率は上昇し続け、六六％に達している。二〇一二年度の三重大学人文学部への女性入学者は全体の五五％を占め、文化学科では七五％を占めているので全国と同じ傾向です。一方、理系学部では女性の比率はまだまだ少なく、特に工学部では一〇％前後です。研究者に占める女性の割合は一三・六％と極めて低く、その理由として家庭と仕事の両立の困難さ、育児後の復帰の困難さなどが挙げられているのは大学として対策を考えなければならない喫緊の課題です。東欧やロシアで四〇％以上、英国、米国は三五％、フランス、ドイツは二五％であることからすると、世界的にみると研究者は女性が選びやすい職業であるかもしれません。

三重大学の女子学生の多くは実に溌溂として、優秀です。将来はバラ色にみえますが、学生から社会人となり数年すると、男性優位の組織の中で、大きな壁にぶつかり、徐々にその輝きを失っていくようにみえるのです。結婚、出産で数年間のブランクができると浦島太郎となって職場復帰が一層困難となり、家事育児に男性からの協力が得られにくいとすると家庭が職場とならざるをえなくなるでしょう。

この日本の現状はやはり世界の規格から大きくはずれているでしょう。グローバル化を推進するためには変えなければならない考え方です。この話を始めると男女双方がヒステリックとなりがちで議論が進みません。「みんなで変われば怖くない」は日本の得意技であるはず。

男女共同参画推進室の立ち上げ（2011年４月）

# 生活と仕事、女性と男性のバランス

大学教員は研究者としての自覚は十分ですが、教師、教育者としての自覚に乏しい人が少なくないようです。これは大学教員の採用基準が研究業績を重視していること、教育についての評価が難しいことなどに起因しているからでしょう。そのためFD（Faculty Development）のセミナーや講習会が頻回に開催されています。FDとは大学教員の教育能力を高めるための実践的方法のことで、アメリカで始まった頃は教育熱心な大学教員の研究力強化が目的でした。教育と研究のバランスが保たれることにより、大学本来の目的である人財の育成が達成されるはずです。

今世紀はバランス感覚がないと生き残れないでしょう。資源開発と環境との「バランス」、社会の中で個人を活かす「バランス」、経済活動における統制と自由の「バランス」、物の豊かさと心の豊かさの「バランス」、そしてワークライフ「バランス」、さらには女性と男性の「バランス」も含めなければなりません。仕事と生活を調和させるためには何が必要でしょうか。まずは意識改革でしょう。生活をエンジョイすることが結果的に仕事の効率を上げることを自覚しましょう。家庭やコミュニティーで役割を果たすことが仕事を円滑に進める助けになることに気づきましょう。組織の中で一定の課題をこなすために集中が求められることはあるでしょうが、それはある期間で終わります。その後は家族との時間を持つことは可能でしょう。家族あっての仕事であり、自分であることを認識したいものです。しかし、アメリカのコンサルティング会社が行った調査によれば、男性労働者が八九％、女性は八七％の割合で、ワークライフバランスの実現について不可能と回答しているとのことです。男女共同参画が進み、生活をエンジョイしていると思われているアメリカ社会においてさえこの数字ですので、これを実現することは生易しいことではなさそうです。

大学は女性が働きやすい職場です。そのことは欧米や東南アジアの諸国で女性教員や職員が多いことで示されています。この点では日本は発展途上国です。公立大学や私立大学での女性教員比率は二〇％を超えていますが、国立大学では一二・〇％です。国際的にみても、米国の三四・三％、英国の三六・七％に比べて低い。博士課程の学生に占める女性比率が高ければ研究者に占める女性比率も高い傾向にあるとのことです。わが国でも博士課程の学生に占める女性比率は近年大きく増加していますが未だ三割以下です。まずは博士課程の女子学生を増やすことに力を注ぎましょう。

# 女性が支える国モンゴル──男女共同参画社会を再再度考える

こんなタイトルを付けると「うそー」と言われそうですが、真実です。モンゴルについての日本人のイメージは偉大なるジンギスハーンとモンゴル帝国、遊牧民と大草原の国、白鵬や朝青龍などで代表される男社会でしょうか。人類学的には日本人とモンゴル人の多くが蒙古斑を持つこと、日本語とモンゴル語はアルタイ系の言語であることなどから、われわれは多くの共通点を有しているのではと考えられています。その流れの中で、江上波夫氏が唱えた「騎馬民族征服王朝説」が多くの日本人の心を躍らせました。その真偽はともかくとして大いなるロマンであることは間違いないでしょう。

本年八月、国立モンゴル大学との大学間連携でウランバートルを訪れました。短い滞在でしたが強烈な印象でした。長い歴史を経た現在では日本とモンゴルは共通点がないに等しいくらいかけ離れているように感じました。時間や空間にこだわる日本人とそれに無頓着なモンゴル人、集団行動のわれわれと超個人主義の彼ら、などメンタリティーでは対極にあるように思えます。女性の果たす役割にも大きな違いがあります。モンゴルでは全労働者の半分は女性で、大学生の七三％、教師の八〇％、医師を含む医療従事者の八三％は女性です。モンゴル女性は外でも家庭でも大きな力を有しています。その背景として経済力も有し、家庭でも商売でも財布のひもを握っているのは女性とのことです。

大学進学率も女性が圧倒的に多いことは、日本などの他の多くの国とは全く逆です。モンゴルの病院を訪れると外来を担当している医師の九割が女性です。従って収入も一般的には女性が多いようです。女性が働いて、男性が遊んでいる国と言っても過言ではありません。馬に乗って羊や牛の群れを追いかけている多くは子供であり、男性はモンゴル騎兵軍団として戦場を駆け巡るイメージが払拭されずにいるのか、今も家庭での責任は重くなく、大型の家畜を追いかけて長距離遠征をし、酒におぼれることも少なくないとのことです。白鵬や日馬富士などのモンゴル出身の力士には「そんなことはないはずだ」と叱られそうですが。

街を歩くとお腹の大きい女性が多いのに驚かされます。そのため、現在急速に人口は増加していますが、それでも二七〇万人で日本の四倍の面積に僅かの人が暮らしているのが現状です。

結婚前に子供を産むことは一般的とのこと。シングルマザーも珍しいことではなく、そういう母親も子供も差別されることはないとのことです。子だくさんの女性と結婚する男性も少なくなく、子供たちを同じように可愛がります。

女性も男性に負けないぐらいに力持ちです。一晩ゲルで宿泊しましたが、そこで働くアルバイト学生はほとんどが女性で、食事の世話から力仕事まで全てをこなしていました。夏休みの三か月で学資をためると明るく語るのが印象的で、卒業したら教師になるという。こんな逞しい先生に教えられる子供たちは幸せでしょう。

男女共同参画トークセッション

母親が赤ん坊に人前で授乳することは恥かしいことではないとのことです。（私の子ども時代は日本でもそのような感じでしたが）　実際に街でも授乳場面をよく見かけます。その影響もあるのか胸を大きくはだけた服装の女性が多いこと、身体が触れることをあまり気にかけていないようです。こちらがドギマギするような場面に何度か遭遇しました。男女関係でも女性が積極的に思えました。

まさに女性に支えられている国、モンゴルです。大草原を馬に乗って長い期間駈けめぐる男たちに憧れている私は女性の敵かもしれませんね。

# 第六章　病との戦い

# がんを克服した逞しい人々

彼が左膝部の骨肉腫と診断されたのは三五歳の時でした。前の病院で膝半月板障害の診断で手術を受けましたが、症状が改善しないため紹介されてきました。最初の手術から一年以上経過していました。一般的には診断の遅れは良くない結果となります。彼には直ぐに入院してもらい、抗がん化学療法を始めました。約三ヶ月の化学療法後、腫瘍を広範に取り除く手術が行われました。手術後、六ヶ月にわたる術後の化学療法と厳しい治療の連続でした。しかし、彼は病室に仕事を持ち込み、実に前向きな姿勢で治療に取り組んでくれました。そんな彼ですので私にはほとんど苦しい表情は見せずに明るい振る舞いでした。抗がん薬の治療は苦しいものです。吐き気や嘔吐、食欲不振、全身倦怠感と人によっては耐え難い苦痛を強いることになります。彼の平然とした態度をみていると、持って生まれた？体力と精神力にはただただ敬意を表するばかりでした。退院後は一～三ヶ月毎に外来通院で再発がないか転移がないかなどをチェックすることになります。治療後の経過は順調で、二年ぐらい過ぎた頃だったと思いますが彼から相談を受けました。がんになって生命保険にも入れなくなったため、自分にもしものことがあっても家族に何も残してやれない。家だけでも残したいが、一人ではそれも無理だ。「先生、二人で家を建てませんか。資金計画は自分で立てるから、先生はお金を出してくれないか。先生に迷惑をかけることはしないから。」との提案でした。数人で家を建てると割安となり、その後も運用の仕方により持ち出しも少なくてすむとのこと、住宅関係の仕事をしている彼にしか考えつかない案でした。そろそろ家を建てなければと考えていた私は家内や家族に相談しましたが、大反対の合唱でした。父親だけは「大きな買い物をするときは決断が大切だ。決断しなければいつまで経っても買うことはできない。おまえの好きなようにしろ」といってくれましたので、不安の中でしたが何とか資金を工面しました。立派な家が完成しましたが、私は半年間住んだだけで、津に転勤となり、家内もその一年後に移り住むことになり空き家となりました。現在でも隣家に住む彼がきちんと管理を続けてくれています。

最初は患者と医者との関係でしたが、今や彼と私はなくてはならない重要なパートナーであり、ゴルフの好敵手です。不幸にもその後人工関節が感染を来たし、切断術をしなければならなくなりました。少し使い勝手は悪くなるかもしれないが外観はよい切断端にするか醜状を残す形状となるが機能的には優れている切断端のどちらにするか話し合いました。彼は躊躇することなく後者を選択しました。足が途中から前後ろ反対に付くのですから見かけは恐ろしく悪くなりましたが、義足が付けやすく歩きやすいと喜んでくれました。ゴルフの後で一緒に風呂に入ると手術した私でも一瞬ドキッとするほどですので、他の人たちはビックリして口を開けたまま目を丸くします。しかし、彼は平気です。今後を豊かに生きるための見事な選択です。義足となった彼ですが、ゴルフは私に負けたくないと不自由な足で必死に練習に取り組んでいますし、障害者ゴルフ大会の世話係もしてくれています。患者と医師の関係は必ずしも単純には割り切れない側面がありますが、彼は私と巡り会ったことを喜んでくれていると思っていますし、彼の言動から私に遠慮したり、引け目を感じているはずはないと感じています。その上、私が三重大学に赴任した一五年前よりは、別の医師が彼の医療面での管理をしてくれていますので、患者と医師の関係はなくなり本当の友人関係を築くことができました。実にたくましく頼りになる人です。

骨肉腫の治療後、自らの病の経験を生かそうと医療関係の仕事に従事している人も少なくありません。医師、看護師、薬剤師、理学療法士、放射線技師などです。福祉や介護の仕事をしている人もいます。

ある時、中学三年生の女の子が私にそっとささやいてくれました。病気になる前の自分は好きでなかったが、今の自分はとっても好きなので大切に生きたいと。苦しい治療を乗り越えてきた自信で、未来を自ら築き上げる積極性に満ちあふれた顔でした。二〇年後の現在、彼女は三児の母であり理学療法士として家庭と仕事を両立してくれています。毎年の年賀状での写真付きの近況報告は年々増える家族の数と大きくなってたくましくなっていく子ども達です。私の心をほほえましくさせてくれます。

入院中にお世話してくれていた看護師さんと親しくなり結婚にゴールインした男の子もいます。現在は公務員となり福祉関係の仕事につき、障害者の目線が自分の仕事に役立っていることを教えてくれました。子どももできました。病気の中で勝ち得た強さを自分の子供達に伝えてくれると信じています。

その時を懸命に生きようとする姿にとてつもない強さを感じます。

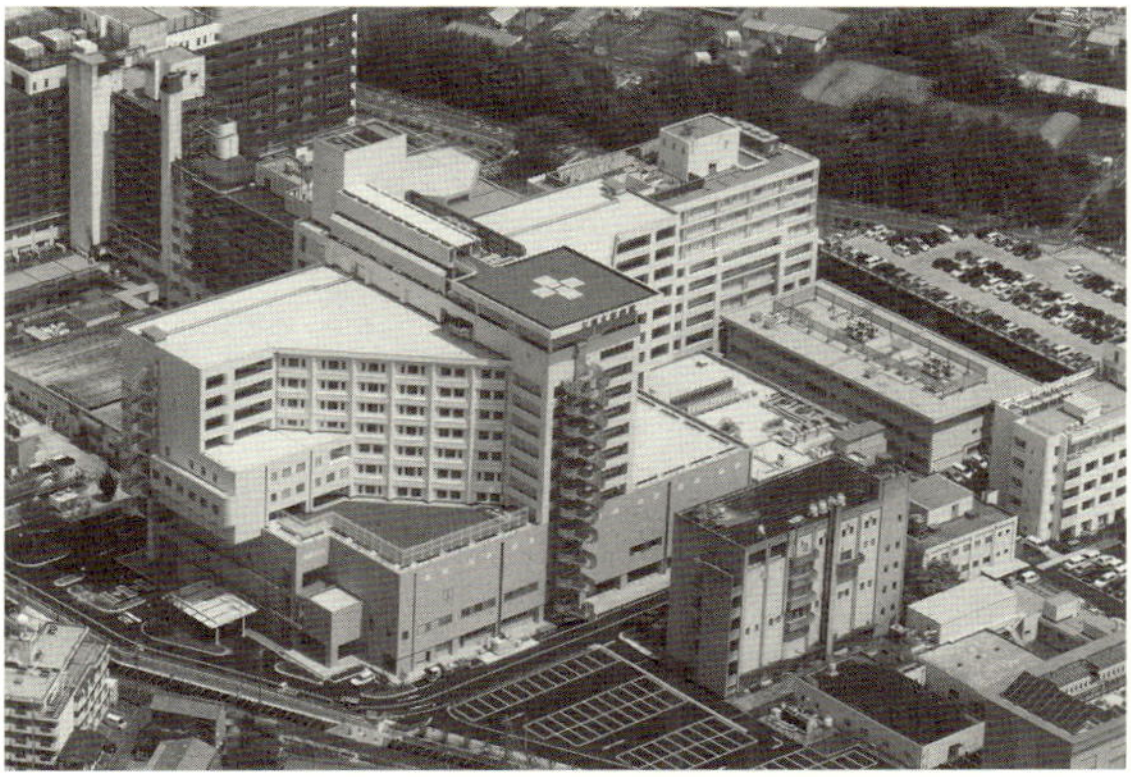
空からみた新しい三重大学病院

## 生きる

骨や筋肉のがんは子供や若い人に多く、不幸な転帰をとることも少なくありません。これは長く生きたくても生きることができなかった女性の物語です。

三橋節子画伯のことをご存じですか。三五歳で肩周囲に発生したがんが肺に転移し亡くなりました。整形外科医である私は、これまで同じような腫瘍に犯された多くの患者さんの治療に取り組んできました。そのようながんの五年生存率が約六〇%ですので、悪い転帰をたどる人も少なくありません。

三橋さんは画家の生命である右の上肢を腫瘍の治療のために失います。三四歳の時です。それからの彼女の考え方や行動には驚嘆します。右手はなくても左手があるではないかと、左手を鍛錬し多くの作品を取り憑かれたように作り出します。その出来映えは右腕の時の作品よりも優れていたと評価されています。精神的苦難を踏み越えて絵に深みが増したのでしょうか。『近江むかし話』の中から、琵琶湖にまつわる伝説を主題にした、一連の絵画シリーズを生みだしますが、いずれの作品にも幼い子供が画かれています。ご自分の二人の子供への思いからでしょうか。

二年足らずで肺に転移した腫瘍のため帰らぬ人となります。死の数ヶ月前、琵琶湖の北、余呉湖に最後の家族旅行に出かけた思い出を作品にした「余呉の天女」が絶筆となりました。湖の天空に漂う天女がなずな（撫でたいほどかわいい花で、どんな荒れ地にでも咲く花）を摘む少女に手を差しのべている絵です。後に残される子供の安寧を祈る母親の切ないまでの愛情とそれでも耐え難い心残りの哀しさがひしひしと胸に迫る作品です。彼女のお嬢さんの名前は「なずな」ちゃんです。二人の幼子に残した左手で書かれた手紙の字も見事です。

物事を成し遂げようとの強烈な思い、後生の人々へ伝えなければとの強靱な思考をわれわれ自身の中に呼び覚まさなければとの思いに駆られます。

もう一人は私自身の経験した話です。中学に入学して胸一杯に希望をふくらませている時に、突然骨盤の痛みに襲われ、われわれの病院を受診してきました。検査の結果、骨の悪性腫瘍とわかり、化学療法、手術、放射線療法と彼女にとって苦しい苦しい治療が一年間続きました。化学療法中やその後しばらくは吐き気や嘔吐や全身倦怠感で動くことも食事を摂ることもできませんでしたが、それに耐えてくれました。治療は成功し中学生活に戻ることができました。腫瘍を摘出する手術のせいで足が不自由となりましたが、高校、専門学校を無事終了し社会に巣立っていきました。定期健診で数ヶ月毎に私のところに来てくれ、明るく振る舞ってくれました。後になって、不自由な足や骨盤の変形のためどうしても積極的になれず控えめに生きてきたと話してくれました。結婚や妊娠も考えないようにしてきたとのことでしたが、彼女が二三歳になったとき、彼女を愛してくれる素敵な男性と巡り逢いました。それからは結婚して子供が欲しいと真剣に望むようになりました。悩み抜いた末に泣きながら私の所に結婚の相談にきました。私はこれまで受けた化学療法は妊娠や出産に影響なく、多くの女性が結婚し子供に囲まれた幸せな家庭を築いていることを時間を掛けて話しました。また、骨盤の変形も帝王切開で出産が可能であることを産科の先生に話してもらいました。歓喜の中、彼女は結婚を決意しました。結婚を知らせに来てくれた時の彼女は輝きに満ちあふれた顔をしていました。しかし、その直後に肺の転移がみつかり、結婚は延期となり再び入院治療がはじまりました。そんな時に「私にはやりたいことがあるので治らない時は早く教えてね」と彼女は言いました。当時の私には非常に厳しい状況で治癒は難しいことを正確に伝えることはできませんでした。病状の進行したある日「やりたいことって何？」と聞くと「それは秘密、それには時間が必要なの」と彼女は答えました。元気のよい子供と短くても楽しく充実した日々を過ごしたかったのです。それを今まで必死になって自分を支えてくれた母親にみせたかったことを最期の手紙に書き残してくれました。現実の過酷さとこの世の不条理を思い知らされました。

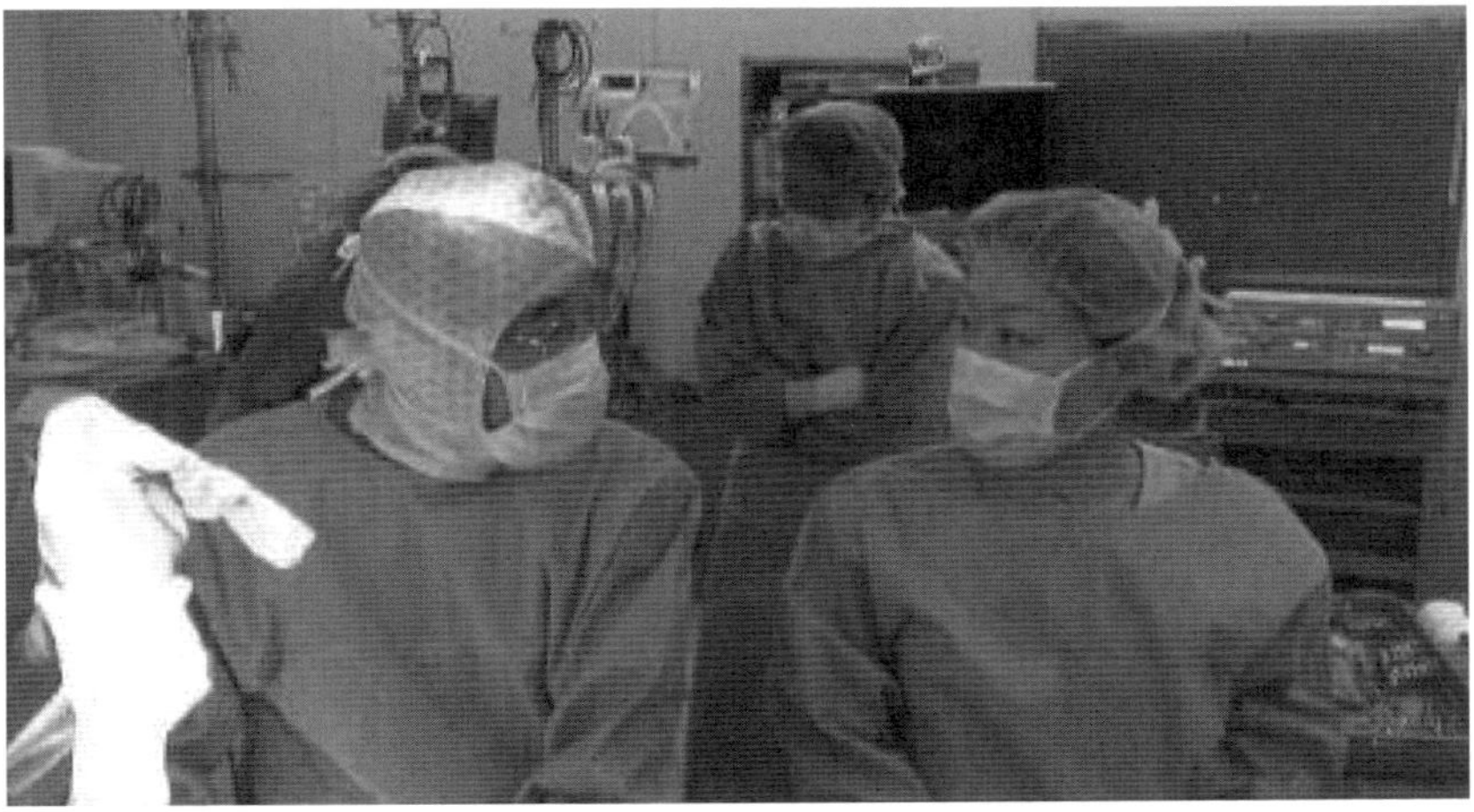
手術中

ここ一〇年、わが国の年間の自殺者が三万人を越えています。その中で若者が増えていると も報じられています。悲しみやつらさは誰もが経験することですが、それは長い人生の中で一瞬です。それを乗り越えた時にすばらしい喜びや楽しみが待っていることを思いだしてください。

## ありがとう

三〇〇万人以上の人々が戦塵、戦禍に倒れた先の太平洋戦争の開戦が十二月、終戦が八月、それに東日本大震災の三月は人の運命や死について考えなければならない月となりました。まさに鎮魂の月です。亡くなる患者さんに直面したとき、本人にとっては連続した事象でどこからが死の瞬間であるかの認識はありません。それを感じる時間はあくまで看取る人々での意識です。死を迎えるまでのある一定の時間はどの人にとっても人生最大の戦いです。病の苦痛や心の葛藤にある時は疲れ果てますが、その戦いを乗り越えた所に心の安らぎがあるでしょう。ほとんどの全ての人がその気持ちに到達すると信じています。しかし、それが瞬時にくるとき、人は何を考え、感じるのでしょうか。

最期を自宅で迎えたいと願う人は決して少なくないとの調査があります。しかし、それを実現することは簡単ではなさそうです。二〇〇四年の統計によれば自宅で死を迎えることができた人はその年に亡くなられた人の一五%以下に過ぎないとのことです。その後、この傾向は益々強くなっているとのことです。今から六〇年近く前の一九五三年には、在宅死は八八%でしたので、その比率はまったく逆転したことになります。死が常に隣り合わせの存在の時代から、医療従事者以外の人が真の死に接する機会が極端に少なくなっています。映像や画像で映し出されるバーチャルな死は氾濫していますのに、ますます現実感の乏しい遠いものとなっているのが現代社会です。しかし、東北地方の多くの人の上に、ある日突然に死が実態感をもって迫ってきました。そして、われわれ日本人全体に「生と死」「不条理」「宗教」「絆」「我慾」などについて考えることを突きつけてきました。日本の社会が一段と成熟した社会に成長するために必要なプロセスです。

病院死から在宅死へ大きく転換するために、二〇〇六年新たに在宅療養支援診療所制度が導入されました。この制度が在宅医療の切り札のように思われていますが、現状は厳しそうです。ある地域では制度導入後、在宅医療にかかわる診療所の数が増えるどころか減少していますし、支援診療所の届け出も全診療所の一〇％以下にとどまっています。これは、一般開業医が在宅にかかわるハードルを高くした（二四時間体制の維持）ことで、かかりつけ医として在宅で看取る意識を持った良心的な医師達が在宅医療から離れてしまうという逆の結果となったのではと考えられます。患者さんや家族は在宅療養で精神的、肉体的さらには経済的不安や負担を感じることが多いはずですので、生活面をも含む支援システムの充実が不可欠です。医療費削減が先にありきの在宅療養の支援では国民は納得しません。人が家族に囲まれながら心安らかに最期を迎えられるためには何が必要かを真摯に考え、そのことを十二分に関係者に理解を求めた制度設計でなければ絵に描いた餅に終わります。

骨肉腫のため自宅で両親や兄弟に見守られながら息を引き取ったS君のお母さんより手紙をいただいたことがありました。終末期になって在宅でケアをするかどうかについてご両親もわれわれ医療者もずいぶんと悩み話し合いました。確かに疼痛緩和についての進歩は著しく痛みに苦しめられることはほとんどなくなりましたが、どうしようもない全身倦怠感や呼吸困難感を取り除くことは困難です。死や改善しない症状に対する恐怖心や不安感を確実に和らげるすべも知りません。在宅ケアはみんなにとって不安の中ではじまりました。S君の住まいは大学病院からは遠く離れているため、われわれが頻回に訪れることができず、悪い条件ではありましたが、私の友人のN医師がS家の近くで開業していたことが幸いでした。N医師は診療終了後往診をしてくれました。状態が悪くなってからは一日に何度となくS家を訪れてくれました。彼の献身的な行為に支えられた在宅医療でした。

母親の手紙には、家族に「ありがとう」の言葉を残して、弟、妹それぞれの名前をしっかりと呼び「がんばれよ」「ありがとう」と力強い口調でした。その言葉を聞いて心が洗い流される思い、全てが氷解する感じでした。「みんなありがとう、他のみんなもありがとナ」が最期の言葉でした。八月の退院から家族は何が彼のためにベストであるか試行錯誤の毎日でした。反省点はアレもコレもと思いはありますが家で看取るということがこんなことなのかと、こんなにも満足を与えてくれるものかと実感しました。十分な看護はできはしませんでしたが、どんな時も息子の心を素直に受け入れられたという充実感があります。（中略）九日（死の前日）、彼はすごく不安で死を恐れている様子でした。「いつまでもいっしょ、みんな一樹といっしょだから」と手を握りいい続けることが、あんなに口をついて自然にできたことは、今となってはその意味するところが私自身に大きくかえってきました。先生ありがとう。一樹は永遠に私たち家族といっしょにいます。先生にお手紙書けたことで、私は一つ長いトンネルを通り抜けたように思います。

彼の死から一ヵ月後の手紙でした。また手紙の中に医療者たちの医療に対する情熱を感じたから信頼してついていこうとも記されていました。われわれにとって何にも勝る言葉です。

家族の絆の強さを教えられました。決意した人たちの強さと優しさを知りました。親子の絆、夫婦の絆、家族の絆、コミュニティーの絆、日本人の絆が東日本大震災に打ちのめされたわれわれの再生のキーワードです。

# 二通の手紙

ある時、一五歳のK君から「自分の意志」と題する手紙を受け取りました。

「初めに答えを言っておきます。僕は化学療法の治療を受けるつもりはありません。こんなことをいえばみんな反対するでしょう。でも僕の人生は僕が決める。誰にも文句は言わせない。たとえその先に死が待っていようとも。それが僕の生き方だから。それが僕の選んだみち（人生）だから。あたかも自然の成り行きのように僕の残りの人生を優しく見守ってください。」

K君は一二歳の時、膝部の骨肉腫のため三重大学病院で治療を受けることになりました。診断後ただちに手術前の抗癌化学療法、そして膝の腫瘍に対して足を温存する手術、手術のあと再び化学療法と約一年間にわたる治療期間でした。体力的にも精神的にも苦しい苦しい時期です。特に化学療法は繰り返す嘔吐や全身倦怠感、白血球減少による発熱などの強い副作用に悩まされます。子供たちの中には化学療法を二度と受けたくないと訴えることもあります。しかし、化学療法が骨肉腫の治療成績を飛躍的に向上させたことは紛れもない事実です。K君はこの治療に耐え完治したかに思えましたが、残念ながら約二年後、肺に転移が見つかり、肺の腫瘍の切除手術を受けることになりました。さらに一年後には右の手首の骨にも転移が見つかり手術となりました。次々と起こる骨肉腫の転移に対して再度の化学療法を進めました。われわれと両親をまじえての説得にもなかなか首を縦に振ってくれませんでした。そして冒頭の手紙が私のところに届きました。

あれから一五年、この間手首の骨の感染に対する処置を繰り返しましたが、化学療法をすることなく病気は治癒しました。現在は三〇歳、不自由な足と手をものともせずに、仕事に充実した毎日を、また今頃の季節は大好きなスキーを楽しんでいます。今では半年に一度ですが、元気な顔を見せてくれます。私を幸福な気持ちにさせてくれる一時です。いまだ一生を共にするパートナーがいないのは残念ですが。

なぜこのような経過になったのかは正確には評価できませんが、免疫力が大きく作用したことは間違いないでしょう。繰り返す感染と彼の強い意志が免疫の強化につながったのではと考えます。

「先生、ごめんなさい。これまで自分の都合ばかり言って、本当に治療のじゃまばかりしてきました。そして、最後にもわがまま通させていただきます。私の思いをかなえてくれる病院をさがしてみます。これまで治療をしてくださったことには感謝します。でも私はダンスが命ですもの。ダンスができない私なんて想像できません。」この手紙を残して私の前から去った三〇歳の女性Tさんがいました。

Tさんは下腿の筋肉内にできた腫瘍で紹介されてきました。調べると悪性でしたので、腫瘍を周囲の組織を含めて広範囲に切除する手術や化学療法を薦めましたがどれも同意してくれません。完璧にダンスを踊りたい一心でした。本人の希望で腫瘍だけを切除する手術を行いましたが、再発、しばらくして肺にも転移病巣が見つかりました。それからは一切の治療を受け付けてくれませんでした。「このままでは死を待つのみですよ」と話をしても「残された時間をダンスに打ち込みたい」との返事でした。そしてそれからは来院してくれなくなりました。最初の内は気になっていたのですが、時間とともにもう亡くなられたと思い、その内に思い出すこともなくなりました。

それが先日偶然にもあるパーティーで一五年ぶりに再会したのです。元気いっぱいにステージでダンスを踊っているではありませんか。他人の空似か、はたまた亡霊か？　しばし奇妙な時空に迷入していました。後で話を聞くと、私のところを去った後、あるところで温熱放射線療法を受けたとのこと、それが実に効果的で局所の腫瘍も肺の転移も完全に消失し、今は普通に日常生活をおくっているとのことでした。いや、普通以上に元気で活動していました。実にうれしい出来事ではありましたが、私自身の気持ちはいささか複雑でした。Tさんも新しい治療と彼女の強固な意志が免疫力を著しく高めたものと考えます。

この二人の患者さんでの私の判断は間違っていたことになります。医師としては恥ずべきことではありますが、この二人の顔を思い浮かべるたびに人の有する強さにうたれ、人間の素晴らしを実感し、緩くなった涙腺から嬉しい水がこぼれてきます。

カンファレンス中

現在の科学的検証法で免疫療法の有効性を証明することは困難を極めますが、極めて有効であると思える患者さんがいることは事実です。一般的に言って現代の医療で確実な治療法は極めて少ないのが現状です。ほとんどの方法はあくまで統計学的にこうすれば確率が高いというだけのものでしょうか。不確実なものの中にも個別には成功するものがあることを示しています。

残す日々が少なくなった今年ですが、反省しきりの一年でした。反省の中に進歩があります。その歩みを確実にするのは強い意志です。自らの強さを信じて新しい年を迎えましょう。

# 明日に向かって

病気を乗り越えて、自らの夢の実現のために明日に向かって強く歩み始めている若者は少なくありません。そんな素敵な人が自分の身近にいることを知って、「いかに生きるか」を考えて欲しいと願っています。それが三重大学の教育目標である「感じる力」、「考える力」、「コミュニケーション力」、を総合した「生きる力」の涵養に役立つと思います。文字だけでなく、眼や耳や皮膚などからのあらゆる情報メディアを通しての知識を駆使して生きるすべを常に考えるのが「現代の教養」ではないでしょうか。

骨のがんで一〇歳代の子供がかかりやすいのが骨肉腫という病気です。骨肉腫を乗り越えた素晴らしい子供達の物語です。一〇歳の誕生日を迎えた頃に骨肉腫がみつかった少女がいました。ご両親と相談の結果、まだ幼いとの理由で病気のことは本人に告知しないことにしました。甘えん坊で泣き虫でしたが、治療がはじまると別人のように苦しい苦しい手術や化学療法に耐えてくれました。約一年に及ぶ治療は成功しました。その後の外来診察は、私の三重への転勤のため経過をみることができなくなりました。医師の勤務移動は自分の手術した患者さんのその後をフォローできなくなる心苦しさを生み出します。あの患者さんは元気で生活しているのだろうか、何か不都合がないだろうか、ふとした時に不安が心をよぎります。しかし、ほとんどの患者さんについては、後輩の医師からの定期的な便りがありました。彼女も元気でいるとの知らせで安心していました。その彼女が突然三重大学病院に訪ねてきてくれました。二〇歳になったので病気のことを私の口から直接聞きたいとのことで母親と一緒に来院しました。一〇年振りにみる彼女は国立大学の薬学部の学生で、見違えるように落ち着いた美しい女性に成長していました。そして、今回が初めての病気についてのインフォームドコンセントとなりました。これまで薄々は感じていたのでしょうが、私の口から出た言葉はやはり彼女にとって残酷なことだったのでしょうか、ときおり涙ぐんで聞いていました。少し沈んだ顔で大阪へ帰って行きました。どのように乗り越えてくれるか心配ではありましたが、一ヶ月ほどして彼女より手紙が届きました。その中には次のようなことが書かれていました。「色々なことをありのまま話していただいたことは嬉しかったです。事実を知りたいと思っていましたから。でも同時にとても怖かったです。怖いという気持ちの方が勝っていました。明日の自分が今日の自分と同様に生きているのかとの問いが急に目の前に現れ、自分にのしかかってきました。将来を考えるという行為は、今の自分が確かに未来でも存在することを無意識のうちに前提にしていますが、その前提がガラガラと崩れるような気になり、恐怖感に襲われました。しかし、今、私がここにいるのは自然の摂理に逆らった奇跡だとも思いました。死ぬはずの人間が医療やその他もろもろのことによって「生かされた」奇跡だと。そして、こうして生かされることをとても感謝しています。生きていて幸せです。薬の世界で研究者になって、生きられる命を増やすことが私の夢です。その前に涙腺がゆるみやすいのを何とかしたいと思っています。」これを読んだ時の私の嬉しさは言葉では言い表せませんし、素敵な人間になっている彼女を実感しました。

骨の腫瘍のため一二歳で足の切断を余儀なくされた女の子は義足をつけての生活となりました。一生懸命上手に歩こうと努力し、二年もすると、診察室に入ってくる彼女の歩行は全く普通になりました。高校を卒業する頃にはおしゃれな歩き方もするようになりました。長い足で他の誰よりも素敵な足取りでした。しかし、一九歳になったとき父親の家業が傾き、それを支えるために不自由な足で朝早くから夜遅くまで働き続けました。そのため、切断端と義足が擦れて潰瘍ができ、痛みをこらえながらの仕事でした。その甲斐あって家業も回復し、優しい男性とも巡り会うことができました。先日、男子出産、母子とも健やかであるとの知らせを受けました。私にとっても至福の時です。

素晴らしい男の子もたくさんいます。化学療法の副作用である嘔吐のため洗面器を抱えながら受験勉強で見事に大学合格を果たした高校生、自らの病の経験を生かそうと医師や放射線技師となり活躍している人、報道関係で世界を駆けめぐっている人、技術者として、また営業マンとしていずれも不自由な手足ですが、それをもろともせずに前向きに仕事に挑戦しています。ただ一つ気がかりなのは、彼らの多くが女性に積極的でないためか、未婚であることです。やはり少しだけですが障害のあることが気後れとなっているのでしょうか。なんとしても家庭を持って、病気の中で勝ち得た人の強さを自分の子供達に伝えて欲しいと願って止みません。

学生諸君は楽しい夏休み期間となります。友人や家族といろいろな企画を考えているでしょう。事故に気をつけて充実した時を過ごしてください。

整形外科外来で診察

# 第七章　何とかなるさ

## われわれはどこから来て、どこへ行くのか？

われわれの祖先は五～七万年前に中央アフリカ東部のサバンナを出立して、全世界に拡がったと考えられています。五〇〇～六〇〇万年前に直立二足歩行をはじめた時を人類の最初とすると、われわれの祖先に行き着くまで恐ろしく長い時間をその進化のために要しています。しかし、その後の進化や発達はそれまでと比べるとビックリするほど短い時間での変化です。アフリカを飛び出した天才的小集団は（遺伝子解析では数人の母親にたどり着くともいわれています）、しばらくアラビア半島に止まり、東へ進む一団と、北上する一団に別れます。東への人々は主として海沿いをアジアへと拡がります。その後、一部はオーストラリアへ移り、オーストラリア原住民アボリジニーに原型に近い姿を止めています。別の集団は北上した後、また東へ進み氷のベーリング海をわたりアメリカ大陸にたどり着き、今度は南下し大陸全土に広がっていきます。北上した人々はコーカサス山脈を越えて中央アジア平原に入り、一部は西のヨーロッパへ、一部は東へ向かい北アジアで南より北上した人々と合流し、アメリカ大陸へ向かったのではと推定されています。僅か四～五万年で人類が全世界に拡がっていたと考えられます。食料を求めての旅ではあったのでしょうが、彼らは未知の世界に勇敢に突き進んでいきました。これがわれわれの祖先が最初におこした人類発展の爆発的かつ偉大な躍進でした。このようなことが考えられるようになったのは遺伝子解析による集団遺伝学の成果です。

そして世界各地に拡がった人々は、肌の色、身体つき、顔つきなど、様々な見かけ上の違いを現していきます。そこに住む人々がそれぞれ異なる自然環境に適応していった結果として生じたものだったのでしょう。特に太陽の光、言い換えれば紫外線と皮膚の色はおおきな関係があると考えられています。赤道付近で暮らす人々の肌の色が濃いのは、強烈な紫外線から身を守るために皮膚のメラニン色素が増えたためで、そうでなければ多量の紫外線により皮膚に悪性黒色腫（皮膚癌の一種）を発症し、長くは生きられません。現代でも、オーストラリアやアメリカの白人が多くの紫外線を浴びるとこの癌が発生しやすいといわれています。一方、北方の紫外線の少ない地方では、メラニンの少ない白い肌で紫外線の吸収効率を良くし、皮膚でのビタミンD合成を活発にすることで、生体バランスを保ちます。黒い肌のままですと、ビタミンD欠乏症のくる病や骨軟化症となり、代謝調節が効かなくなるのでそのまま放置しておくと長生きできません。自然環境や生活環境が人間の外観上の変化を起こしたのだと考えられています。ヒトの外観上の変化は想像以上に急速です。戦後六〇年の生活習慣の変化で日本人の見かけがかなり変わってきたと感じている人は少なくないと思います。現代の人類の行動様式をみていますと、これから数万年もすれば頭ばかり大きくて手足が退化したおかしな見かけになっているのではとの不安さえ感じます。しかし、現代人の各集団間の遺伝的な違いは、この見かけ上の違いから受ける印象と比べてずいぶんと小さなものでしかありません。

一万年から一万五〇〇〇年前頃にわれわれの祖先は狩猟採取生活を捨て定住生活への道を選びます。このことは世界のいずれの地域でも同時に起こったと考えられています。その原因は何だったのでしょうか。地球の温暖化によるのではと考える説が有力です。ちょうど最終氷期となり、気温が上昇してきます。植物の生育が旺盛になり、一カ所に定住しても十分な食料の確保が可能となってきたのではないでしょうか。その中で農耕が発達します。自らの食料を確保するために作物のもととなる種子や球根を植え、育て、継続的に生産をあげるという素晴らしい技術革新を成し遂げます。これこそがイノベーションとなり、次の大躍進につながります。

農耕により居住できる場所の選択肢は増え、飛躍的に人口密度が増加することになります。動物の家畜化が進みます。食料の安定化を促進すると共に労働力としても大いに貢献してくれるようになったでしょう。しかし、それに伴って定住農耕社会に負の側面も浮き上がってきます。飢饉や疾病の増加と階層化です。作物の栽培が限定されてくると干ばつや寒冷などの気候変動や洪水などの自然災害により飢饉が発生するようになります。人口密度が増し、家畜との接触が増えることにより伝染病などの疾病も増加してきます。社会の階層化が明確になり、階層間のいざこざは戦争へと発展していくこともありました。負の部分を差し引いても、われわれの祖先は定住農耕を放棄することをしませんでした。毎日夕食の材料を求めて山野をさまよい野生動物を追い求める生活を考えると、現在の楽な環境から離れることはできなかったものと思われます。

これまで想像もしないような速度で人類は世界中を移動し、情報は信じられないスピードで世界を駆けめぐる時代の到来、このグローバリゼーション革命が第三のビッグバン（大躍進）となる予感を感じます。世界は標準化し、人類の全てが地球人であり、誰もがどこにでも住める社会の到来です。それは素晴らしいことですが、一方では地域固有の文化が消失し、これまでの歴史が忘れ去られ、そのため人としての多様性の一面が確実に失われていきます。新たな地球人とは黒人、白人、黄色人種の混血でしょうか。その代表はタイガーウッズです。彼の顔が一般的となる時代がくるかもしれません。

日本はと振り返ってみますと、地域の疲弊が叫ばれていますが、実は地域社会が無くなってきているのです。どこもが都会化して、わが国全体が同一化しているのです。日本人全体、特に若い世代の皆さんが同じような顔立ちで、同じような服装で画一化されつつ

学長の笑顔

有るると感じるのは私だけでしょうか。
本年一〇月に名古屋で生物多様性に関する国際会議、ＣＯＰ10が開催されます。生物の多様性確保の議論が真剣に行われますが、その中に人類が人間としての多様性を確保するための話し合いは行われるのでしょうか。

# マネージメント

国立大学が法人化して一〇年が経過しました。国からの交付金が削減される中、それぞれの大学、特に地域圏の中堅大学が外部資金の導入に懸命の努力を重ね、教育、研究のさらなる充実を図っています。残念なことに、それが国民に十分に伝わっていないためか、学長のリーダーシップを含めた急速な大学改革の必要性が叫ばれていますが。

大学のマネージメントとは何か？　目的に向かって効率的に動くために、資源を統合調整することでしょう。高い教育、研究の質と健全な経営の質を求めて、そこに勤務する全教職員が効率的、機能的に動くことができ、自らの能力を十二分に発揮するように調整することになります。これは紛れもなく人財育成のマネージメントであり、「人はどうすれば動くかの」への問いかけであり、人をどう学習、成長させるかを考えることで、本来ならば大学の最も得意とするところです。

マネージメントの方法論としていくつかの考え方があります。科学的に管理しようとする考え方、人間関係を基軸とする考え方、個人の意志決定を重視する考え方などです。科学的管理論はまず評価基準を策定し、それに基づいて成功者にはアメとしての成功報酬を、失敗者にはムチとして減給を明確にする考え方で、人の感情を排除し、物質的欲求により能率的に働くことを求めるものです。アメリカ的やり方ですね。現在国が大学に求めてくるマネージメントはこの方法です。

その対極として人間関係を重視する考え方で、集団に対する感情により仕事の能率は大きく変化するとし、マネージメントの中心に人の情緒を置くやり方です。古典的日本方式ですね。

個人の意思決定を重視する方法とは人は極めて情緒的であるが、ある範囲内では合理的判断を下しうるとする考えに基づいたマネージメントです。意志決定が自らを惹きつける要因と自らの犠牲のバランスの基でなされるとしています。現在在籍している大学の教職員は惹きつける要因が犠牲を上回っていると考えます。惹きつける要因は企業に比べて自由に研究する時間や課題を選択できること、常に若い学生と接することができることでしょうか。しかし、これが逆になると、人は急速に負の情報ばかりを集めるようになり、意欲を失っていきます。急速な大学改革はこの逆状態を作る可能性を秘めていることを認識しておかなければなりません。

人は様々であり、個人の欲求も環境や段階で様々に変化します。普通の生活がしたいと思う生理的欲求に近い段階から自己の可能性を追求したいとの高度な欲求まで多様です。

従って人財育成のマネージメントは人をどう捉えるかにより大きく異なることを知りましょう。

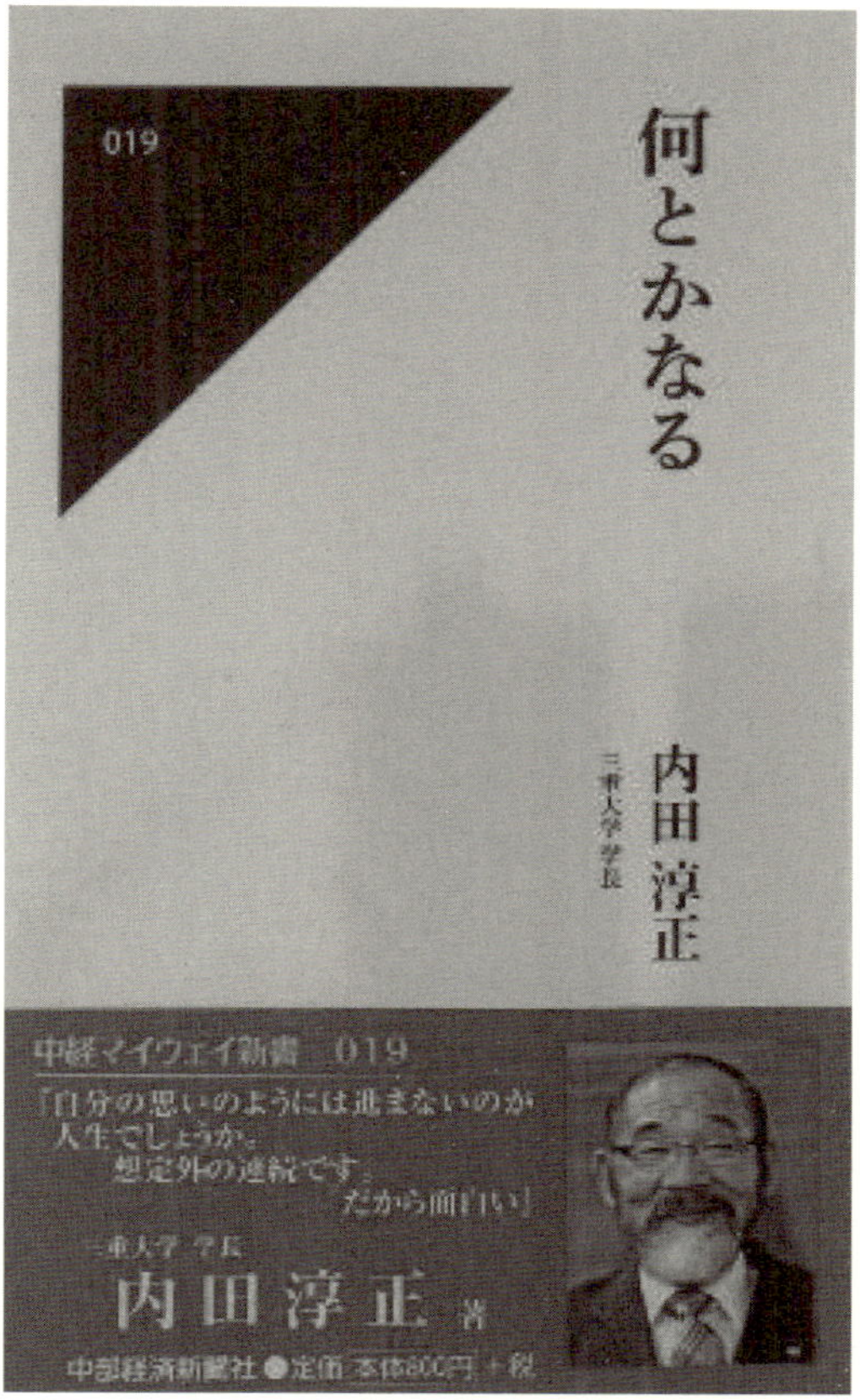

学長の著書『何とかなる』（中部経済新聞社発刊）

## 人の価値観のあやふやさ

三〇年近く前にオーストラリアの西海岸、インド洋に面したパースに留学しました。この時パースの町の美しさに惹かれました。世界でも有数の美しい街で、オーストラリア人でさえ住みたがる都市です。スワン河畔に程よく整備され、気候にも恵まれています。夏は暑いが乾燥しているため不快ではなく、冬も寒くない。そんな街をじっくり観察すると、電柱のないことが街並みのすっきり感のもとであることに気づきました。これが都市のあるべき姿と認識し、日本もこうあるべきと強く感じたものです。日本の都市も少しずつではあるが電柱が消えつつあり、それとともに町並みがすっきりしてきています。しかし、電線を地下に埋め込むことは、地震が多発する我が国ではいざという時の回復が遅れるリスクを負うことになるらしい。その上、何処へ行っても同じようで、古くから残されたそれぞれの特徴を失っていきます。ヨーロッパの古い町は狭い路地や石畳のガタガタ道がいたるところにあり、そこを人が横になって進み、小さい車がゆっくり走る。生活するにははなはだ不便であるが、余裕を持って実にゆったりと暮らしているようにみえます。

「人間は豊になれば幸福になる」わけではないし、幸福のために豊かさは必須か？　有るにこしたことはないが、なくても十分に幸せになれる。便利さも同様です。便利にこしたことはないが、それがなくても十分に生きていける。現代の日本は豊かで便利な社会ですが、幸福感が高いかというとそうでもない。幸福度の基準として、所得、医療、平均寿命、教育、社会保障、雇用や老後の安全性、などが考えられます。北欧が多くのランキングで高位に来ているのは、そのためだろう。デンマークの消費税は二五%であり、税金負担は八〇%にも達する。それでも人々は幸福と感じている。日本と韓国は上記の社会的尺度でいえば、幸せでなければならない。それにもかかわらず、なぜ人々はそんなに自分を不幸だと考えるのでしょうか。日本や韓国では社会の競争、たとえば受験競争が激しくて、それがストレスとなり幸福と感じないのでは?との分析があります。社会の競争ではアメリカがはるかに激しいし、日本ほど社会制度上平等で自由な国はないでしょう。それでも個人個人は自由で平等とは感じていない。働くことが社会参加であり、それを最上の美徳とする呪縛から、一方では逃れたいと願いながら、また一方ではその快適さに埋没していきます。ラテンアメリカの国々の人々が、所得などから見て予想されるよりは、相対的に幸福であるのは、楽天的な国民性によるものでしょう。病は気からというが、幸福も気からという側面を無視することはできません。

生き物と自然の連関に学ぶことは多いし、われわれヒトの価値観では測れないものが多くあります。花や樹木は自然の中で生かされ、育てられている。この季節、そばの名産地ではソバの花が咲き乱れ、見た目には美しい白い花ですが、人々には不快な異臭を放つ。そばはイネや麦と異なり別の個体の花粉でないと受粉できず、それさえも容易でないとのこと。そのため強烈な臭いを放ち、虫たちを集めなければ自らの生存が望めない。「人間にとっては臭くても、虫にとってはごちそうの香り」である。

市場原理主義者である多くのエコノミストが高等教育機関、特に国立大学をどのようにみているか？　社会的利益を生むと考えられる研究活動には補助をする必要があること、それに低所得者で教育費の借り入れができない学生への支援以外は国家は関与すべきでない。そして、それ以外は市場メカニズムや競争原理に委ねるべきと主張するが、この価値観にほとんどの大学人は反発します。教育に競争が必要でないとは言わないが、競争に敗れた人たちをいかに再生させるのかが教育の本質であろう。それは別のセーフティーネットを作ればよいというかもしれないが、大学とはそれらすべてを包含したところです。

指導者に求められる資質で必ず登場してくるのは、決断力、実行力、判断力などです。これをイタリアでは知力、説得力、肉体上の耐久力、自己制御の能力、持続する意志と教えるようです。後者のほうがはるかにわかりやすく、自らの課題としても取り組みやすいように思うが、皆さんは如何？この閉塞した時代を打ち破るために、状況を変えることに

国際交流

志を抱く多くの人財の輩出を望んでいます。

# 何とかなるさ

今年度直木賞作品である桜木紫乃さんの「ホテルローヤル」を読んだ。最近の直木賞作品はあまり面白いと感じていなかったので、書店でのパラパラめくりの立ち読み程度でやり過ごしていたが、たまたま学会や研究会の座長のお礼で頂いた二〇〇〇円の図書カードが数枚貯まっていたので、大げさであるが清水の舞台から飛び降りたつもりで購入しました。

しかし、桜木さんの受賞でのコメントは出色でした。実に表現力豊かで笑いのセンスにあふれた人で、大いに親しみを覚えると同時に好きにもなりました。中学生時代に親の経営するラブホテルの手伝いで部屋の掃除に入って、あまりの汚さに「大人って、身体を使って遊ぶんだなーと思った」。これには大笑いでした。主婦と作家業の兼業で「頑張って続けていれば必ず何とかなると、子供たちに言葉でないところで伝えられてうれしい」とも語っています。子供達にとっての最高の家庭教育であろう。そして、彼女は「一生懸命生きている人から「幸せ」とか「不幸」という言葉を聞いたことがない」とメッセージを社会に発しています。素晴らしい地域での教育です。子供たちが豊な人間として育っていくには、学校、家庭、地域が一団となった取り組みがあって初めてできることであろう。

「一生懸命やれば何とかなる」といった考え方は伊勢人の特性ではないかと解くのが本居宣長記念館の吉田悦之館長です。「宣長の人生を俯瞰すると、運に恵まれ完璧なように見える。しかし、それは宣長自身が些細な事に対しても、倦まずたゆまず周到な準備をし、その上で『何とかなる』と早急に結果を求めず、五〇〇年、一〇〇〇年先に自分の功績が理解されればいいと長い目で向き合ってきた結果だ」と述べています。この考え方は松阪商人で、三井財閥の創始者である三井高利の行動にも見ることができるのではと話します。

「レット・イット・ビー」は一九七〇年に発売されたビートルズの名曲。ビートルズ世代の私には実に印象深い曲で、大学卒業前の進路選択に迷いが一杯の時期に大ヒットしました。「何とかなる」と思うと気持ちは大いに楽になったものです。その一五年後ロンドンに三ヶ月間滞在した時、郊外の大学宿舎で週末ごとに学生が集まって酒を飲みながらこの歌を大合唱していて、しばしば私も一緒に歌ったものでした。

当時のイギリスの若者がこの歌をどのような気持ちで歌っていたのか？　作詞、作曲のレノン＝マッカトニーがどのような気持ちを歌ったのかは別にして、その時の私には学生たちの歌声が退廃的に聞こえました。九月のロンドンはどんより曇った毎日で、三時過ぎには暮れる気候。そのせいだったかもしれないが、彼らの気持ちの中には希望が見えなかったように記憶しています。

「あるがままに」は曖昧な言葉です。一生懸命やれば「何とかなる」という能動的な意味合いと「どうせなるようにしかならないのだから、今さらじたばたしたってしょうがないじゃないか、いさぎよくあきらめよう」との否定的メッセージがあります。

私は「何事にもベストを尽くそう。そうすれば結果がついてくることを信じて待とう」と「レット・イット・ビー」を解釈したいが、みなさんは如何？

「努力すれば何とかなるさ」はなんとかなった人だけが言える言葉であるとの反論もあるし、現実にはがんばってもどうにもならないと考える人は少なくないでしょう。

「努力しなければ絶対に報われない」ことは確かです。

三重大学の教員、職員、学生の皆さん、努力の積み重ねが成果であることを信じて前進しましょう。

# 想定外

人生は想定外の連続でしょう。だから面白い。それも自らが強い意志で決定したというよりは流れの中で進んでいくというのが私の実感です。ただただ大切なことはどのような状況で決定したかではなく、決めた以上はそれが正しかったと信じて成果を得るために最大の努力を重ねることでしょう。

中学校までは当時の多くの少年と同じように野球少年で、当然プロ野球選手を夢みていました。身体も小さかったので早々にその夢をあきらめて高校では野球部には入りませんでした。学校は違いましたが甲子園の優勝投手の尾崎将司氏（西鉄ライオンズからプロゴルファーとなり大活躍をした）と同じ学年です。彼の高校と私の高校が県予選の一回戦で対戦しました。大きな体から投げ出される速球は眼にもとまらぬ勢いで、とても打てる気はしませんでした。当然われわれの高校はコールド負けでした。この時は野球で大成するには努力だけでは越えがたい壁あるのを実感しました。その他のスポーツや音楽、美術などでも同じでしょう。持って生まれた才能が大きな要素になり、それに血のにじむような努力が加わって花が開くのでしょう。ほとんどの職業は才能などはなくても努力することで報われます。

医学部の学生時代に整形外科学に強い興味を抱いていたわけではありません。当時はどちらかというと経験的治療学が主で、論理性に乏しい学問分野と感じていた私にとっては面白くない分野でした。しかし、わたしが選ぼうとした外科講座に希望者が集中し、調整をしなければならなくなりました。いささか不謹慎ではありますがクジ引きかじゃんけんで決めるしかないところまで追いつめられました。ポリクリ委員の一人だったのでその抽選に加わるわけにもいかずに、同じ学年で誰も希望者がいなかった整形外科医を目指すことにしました。この時の選択は受け身的でしたが、その後の整形外科学の躍進をみるとき、将来の展望を見据えた素晴らしい選択をしたことになるでしょう。

整形外科の研修を大学病院や関連の病院で楽しく続けましたが、卒後五年頃には何か物足りなさを感じるようになっていました。いつかは故郷の田舎で父親のあとをついで地域医療に貢献するつもりでしたので、若い時にしかできないことへの思いはつのりました。それを基礎研究に求めました。私たちの時代は臨床講座では大学院をボイコットしていましたので、ある先生の薦めで歯学部の生化学教室の研究員となり骨・軟骨代謝の研究をはじめました。そこで臨床とは違った基礎研究の厳しさを知りましたし、多くの先生、友人の知己を得たことはその後の私の考え方に大きな影響を与えてくれました。これも自分にとっての重要なターニングポイントであったと思っています。

その後、埼玉県所沢の防衛医大に赴任することになりました。この時も大きな目的があったわけでもなく、上司から東京の大学病院に行きませんかと声をかけられ、花の東京へと喜び勇んだことを記憶しています。当時の多くの関西人は東京も神奈川も埼玉も千葉も同じと感じ、一方関東の人が大阪も京都も神戸も奈良も和歌山までもが同じ所と思っていたふしがありました。しかし、所沢に赴任してみると、「秩父おろし」が吹きすさび、赤土を巻き上げる、まさに西部劇に出てくるような荒野でありました。

もともと田舎育ちの私ですから住めば都です。そこで八年間を過ごし、昭和六〇年の九月に母校の整形外科に帰ることになりました。この時ほど決断に迷ったことはありません。臨床や研究は順調で、先輩、同僚、後輩にも恵まれ、何よりも真摯で礼儀正しく、その上使命感に溢れた優秀な学生達との触れあいは実に爽やかで楽しいものでした。そんな居心地のよいところからなぜ移ったかと聞かれると、新しい刺激や展開が欲しかったからとしか答えられません。大阪へ帰ってからしばらくは苦労の連続でした。後で知ったのですが、あまり望まれて迎えられたのではなく、その上これまであまり経験のない骨軟部腫瘍が私に与えられた課題でした。自ら選んだ道ですので、「成功するんだ」との信念での三八歳の新たな挑戦でした。私よりもはるかに若い助手（現在は助教）や大学院生にがん化学療法や新しい腫瘍切除術の手ほどきを受けました。目の前の病に苦しむ子ども達を見ると、年下に指導を受けることが屈辱とはこれっぽっちも思いませんでした。それまでの整形外科医としてのあらゆる分野での経験が役立ったことは言うまでもありません。

大阪で一〇年、四〇代も後半となり、そろそろ自分の家を持たなければと思うようになりました。その頃には父親の診療所は弟が継いでくれることになり、終の棲家を大阪に構えることにしました。家が完成して六ヶ月、三重大学への赴任が決まりました。世間でよく揶揄される「家を建てると転勤するぞ」はその通りとなりました。三重のことを妻に相談していなかったこと、赴任が決まった日にも帰宅してから話せばよいとのんびりかまえていたのが間違いでした。教授夫人や私の妹から先に電話で連絡が入り、寝耳に水の妻の驚きは相当なものでした。私が帰宅したときには彼女の怒りは最高潮に達していて、冷たく、厳しく、憎しみに充ち満ちた言葉での出迎えでした。今でも、その時の妻の眼差しを思い出すと寒気が走ります。その所為だけではないのですが、三重でのはじめの一年間は単身赴任をすることになりました。

この頃からの私は「僅差の男」となりました。三重大学の教授選考では、大学始まって以来の大接戦で一ヶ月間に一〇回を越える投票を行ったと聞いています。本人には結果だけが知らされますので、途中経過については後に先輩の教授より知らされ驚いた次第で

外国の友人らと

す。病院長に選ばれた時も、学長に選任された意向投票でもビックリするほどの僅差でした。候補者の優劣がつけがたい環境で選ばれたことは通常以上に緊張感が高まり、優れたリーダーとならなければとの思いが強くなりました。

現在私があるのはいずれの時も私を真から支えてくれた先輩、友人や後輩とのつながりの賜です。どのような中でも最大の努力を惜しまず、多くの友人を持ってください。

## 考え方ひとつで変わる

現在の日本人は高望みをしすぎているのでは、と感じることが少なくありません。豊かさを享受しすぎたのか欲が深くなり、「もっともっと」とこだわってしまうのでしょうか。そして、自分だけが不利になっていると考え、不満の渦に巻き込まれていくのではと考えたくなります。

人は考え方ひとつで変わります。明治時代の物理学者で随筆家でもあった寺田寅彦氏は、「健康な人には病気になる心配があるが、病人には回復するという楽しみがある」との言葉を残しています。二度も夫人を亡くされた氏が看病の中から見つけた言葉だったのでしょうか。

小説『氷点』の作者である三浦綾子さんの言葉「何もなかった時代が最高に幸せだった。一つ一つ揃えていくことで一つずつ幸せになっていけた」も心を打つものです。小学校教員として勤めていましたが、肺結核を発病し、敬虔なクリスチャンとなります。結核とそれに伴う脊椎カリエス、心臓発作、直腸癌、パーキンソン病などの病魔に苦しみながら、次々と著作を発表しました。神を信じることにより、貧しさや病の苦しみを克服しようとしたのでしょう。彼女の甥が札幌で脳外科医として活躍、私の信頼のおける友人です。

ドイツの哲学者ショーペンハウエルは「幸せを数えたら、あなたはすぐに幸せになれる」と説きます。不幸な人と幸せな人の違いは、見ているところが違うだけで、不幸な人は不幸を見つけるのが上手、幸せな人は幸せを見つけるのが上手と話します。「幸せ」はなるものではなく気づくもの、そう考えると誰にでも簡単にできるのではないでしょうか。

少子高齢化が進む中、総務省の人口統計によると二〇一三年一〇月では総人口は前年より約二二万人減少したこと、六五歳以上の人が二五％を超えたことが報告されました。この時代を高齢者はどう生きるかが重要です。「年相応」を考えてみましょう。年齢に似つかわしいさまですから、当然昔できたことができなくなる。特に六〇歳を過ぎるころから毎年毎年できなくなったことに気づくでしょう。これは全く当たり前でこだわらない。嘆くこともない。身体的な観点からみると、あちこちが痛くなって当たり前。年を取ってどこもどうもないのも疑ってみる必要があり、こういう方には検診をお勧めします。

天皇皇后両陛下を例に出すのは少々不遜ではありますが、お二人の素晴らしさには頭が下がります。身体的苦痛を多くお抱えになりながらも、そのことをおくびにも出さずに振る舞われるお姿には感動を覚えます。病院に来院する高齢の患者さんに「陛下と同じですね」と説明すると安心した顔で帰ります。

「もう○○ができない」ではなく「まだ○○もできる」。残存機能に着目して、こだわりを捨て楽しく生きましょう。

# 嘘と誤解

世の中には三つの嘘があると言われています。「善意の嘘」、「悪意の嘘」と「統計の嘘」です。「頭の禿げの進みが少し止まっているように思うが」と妻に問うと、「いやどんどん進んでいるわよ」と答えられる。本当のことだが良い気持ちではない。大学の職員や料理屋の女将さんは「そうですね。少し髪が増えているようですね」と嘘をついてくれる。これは善意の嘘です。

一八年前三重大学に赴任したとき、無記名の怪文書が送られ、これは身に覚えなき誹謗中傷でした。私を陥れようとする悪意の嘘です。最初は猛烈に腹が立ったが、ある人からこれも有名税ですよと諭された。教授就任をすべての人が歓迎してくれているとの私の誤解による立腹でありました。「よそ者の私を見る目が人それぞれであるな〜」と思うと気持ちが落ち着いてきたのを記憶しています。

統計の嘘にはよく遭遇する。専門領域の論文を読んでいると、統計手法の間違いによるデータ解析、手法的には正しいがどう考えても真実とは思えない結論などです。誤解にも嘘と同じようなことが起こります。

三重大学ブランドのカレーは善意の誤解の中で大ヒット商品となっていった感がありま す。三重大カレーが美味であることが販売促進の最大要因であるが、「内田」での消費者の誤解が売れ行きを伸ばしました。勢水丸の内田誠船長と私、内田淳正の混同でした。練習船の中で週に一回は必ず出されるカレーを三重大学ブランドとして売り出そうと生物資源学部の先生、勢水丸のスタッフ、生協と食品会社が協力して完成したのが「三重大カレー」でした。販売段階で学長の内田淳正も積極的に協力はしたが、いつの間にか三重大学長一人が目立つようになり、学長推薦のカレーとして実績を伸ばすことに大いに貢献したつもりです。三重大学としては内田違いの嬉しい誤解の結果大ヒットに結びついたのでしょう。

夏休み中の早朝の電車での出来事でした。テニス部の中学生が対抗試合に出かけるのか大きな荷物を抱えて優先座席に座っていた。早朝であるため車内はそれほど混雑はなく、立っているのは私一人である。健康のため通勤の電車で座らないのが私のルール。下車駅が近づいたのでドアの方へ移動中に座っている中学生と目が合った。数人の彼らが申し訳なさそうに立ち上がって席を空けた。座っていることをとがめられると思ったのだろう。楽しい誤解であり、それなりに礼儀をわきまえている中学生でした。

改築した三重大学レーモンドホールで田口寛名誉教授の写真展が開かれました。四季折々の学内の風景を撮影した素晴らしい写真の数々の展示です。その初日、お祝いの蘭の花が二つ届けられていた。一つは先生ときわめて親しい人から、もう一つは先生の外部女性支援者の一人である内田さんという方からのものである。私もその女性はよく知っているため、その蘭が誰からのものかは直ぐに分かったが、大学関係者の多くは内田という名前を見て学長の私からであると誤解したようです。学長からのお祝いが届けられていると誤解した大学関係者はこの展覧会を特別な目で注目したことを田口先生本人から聞かされました。うれしい誤解ですが、内田女史には気の毒なことをした。

昔のことであるが妻と出かけるために駅に急いだが、残念ながら一瞬の差で電車に乗り遅れた。私の言葉「おまえが、もっと急げば、今の電車に間に合ったのに」妻の答えは「あなたが、そんなに急がなければ次の電車をこんなに長く待たなくてよかったのにね」と。

妻は子供のことについて何でも知っている。好きな食べ物、どの学科が得意で何が不得意か、誰のことが好きか、一番の親友、密かに恐れている物、希望、そして夢。そして私は妻から糾弾される。「息子のことを一緒の家に住んでいる、年下の人だとしか思ってないんでしょ」と。これは妻の大いなる誤解であるが、息子は父親の背中をじっと見ていると信じたい。

# 天空をかけるあなた

今年は午年である。馬について考えてみよう。

人間と馬のつながりを最初に見ることができるのはフランス・ラスコー洞窟に描かれた壁画であろう。およそ一五、〇〇〇年前に描かれ、動物の中で馬がもっとも多く見られます。槍が刺さった馬として描かれているように狩猟の対象であり、重要な食糧源でした。六、〇〇〇年前に黒海とカスピ海の間の中央アジア地域の牧畜の民により家畜化されたと考えられています。現在冬季オリンピックが開催されているソチの近くです。ヒツジやウシに比べると家畜としては弟です。気性の激しいシマウマしか存在せず、その家畜化に成功しなかったアフリカの後進性はこのあたりに潜んでいたかもしれません。

遊牧民による騎馬軍団が戦争に革命を起こしたのが、世界を制覇したモンゴル帝国です。そして現在、人が作り出した最高傑作の芸術品である競走馬サラブレッドが世界でその美しい疾走を見せてくれています。Thoroughbred が日本でサラブレッドと発音されていることを初めて知り驚いていますが、英語の意味を考えるとなるほどと納得できます。through は初めから終わりまでとか貫いての意味で、bred は種とか血統であるので、まさに競馬で勝つことを目的として日々の交配と淘汰を繰り返していることにふさわしいネーミングです。しかし、外来語の日本語化は外国で通じないので困ります。

午年の悲しく、いささかばかげている言い伝えは丙午（ヒノエウマ）の女性についてです。これは江戸時代の浮世草子作家井原西鶴が「好色五代女」の中に八百屋「お七」を取り上げたことに発しています。丙午生まれの「お七」が恋しい人に会いたいあまり江戸の町に火付けをして処刑される話をもとに、この年生まれの女性は気性が激しく亭主の面目をつぶすとの迷信が広がりました。明治三九年の丙午では出生者が前年に比べて五％少なくなり、その六〇年後の昭和四一年には二六％も減少しています。このような現象は世界的にみても記録がなく、文明国日本は言われもなき迷信に踊らされました。この点では先史の時代の人々の精神構造とあまり変わりがなく、情けないことです。十二年後の丙午には例年並みの出産があることを願っていますが。

天空をかける馬のごとく大いなる飛躍を。

## 近大マグロが教えること

クロマグロの完全養殖という快挙を成し遂げた近畿大学水産研究所の熊井英水教授が三重県や三重大学と繋がりかけたことを知りました。二つの線が交差しかかるが離れ、結局は結び合わなかった熊井先生との関係でした。もし結び合っていたら今頃は三重大クロマグロになっていたかもしれません。

熊井先生は長野県塩尻市片丘生まれとのこと。以前にはよく出かけた松本カントリークラブの近くの丘陵地帯です。高校時代に三重県・鳥羽で、初めて海水に触れ、舐めて『しょっぱいな』と感じたと話しています。生物好きの少年の海へのあこがれはそこから始まり、鳥羽の地名は終生忘れられないのではないでしょうか。私も山村の生まれであるので、海へのあこがれは強く岸に寄せる波のざわめきを聞きながら過ごしたいと願い続けています。

大学は新しくできた広島大学水産学部へ。父親との話で金のかからない地方大学を志望していたことと広島高師（現広島大学）出身の恩師の勧めで広島を選んだとのこと。三重県立大学の国立移管がもう少し早かったら熊井先生の選択肢に三重大学水産学部があったかもしれません。それでも神の指示はまだ三重に向いていました。卒業後は三重県庁で仕事をすることを希望し、めでたく合格したが、『空きがない』と採用されなかった。当時の三重県庁人事担当者への恨み節の一つも出てきます。その結果、近大農学部水産学科職員として社会人生活をスタートし、現在があります。熊井先生と三重県とは最後まで合い交わることがありませんでしたが、紀伊半島がキーワードと考えるとそれもよしとすべきでしょう。

近大で魚の養殖の仕事にたずさわって、一九七〇年ごろよりクロマグロの養殖に取り組みます。三〇年以上を要して世界初のクロマグロの「完全養殖」に成功します。この間のことを振り返って、先生は私学である近畿大学のよさを語ります。「総長（大学の最高責任者）は、結果がでなくても研究予算を削らなかったし、成果が挙がらなくて研究を止めようと思った時も、『続けなさい』といってくれた。これが国立大学だったらそうはいかなかった」人を見抜く力を持つ近大の指導者に心より敬意を表するとともに、自らもそうありたいと強く願うところです。そこには熊井先生の「成功するんだ」との信念と情熱、そして血のにじむような努力があったはずです。

「あきらめない」が今回のメッセージです。

## 「2」から「1」への挑戦

二月は通常は二八日、閏年では二九日となります。他の月の日数が三〇または三一日なのに対して、二月だけ二八または二九日なのは不思議ですね。論理的に決められたのではなく、日数の帳尻合わせのためにローマ時代の最後の月である二月を二八日としたようです。

二月一一日は建国記念の日ですが、あまり注目されているようには思いません。「建国をしのび、国を愛する心を養う」国民の祝日です。日本書紀に基づいた神武天皇即位の日・紀元前六六〇年一月一日を新暦に換算して、二月一一日を紀元節としたとのことです。国家や国民にとって建国記念日は最も大切な日と思うのですが、その日の決定には国会でも難渋したようです。妥協の産物として「建国記念の日」として成立しましたが、これでは愛国心を涵養することにはつながらないでしょう。翻って三重大学ではどうか。五月三一日が三重大学の創立記念日ですが、特別の催しもなく、休講でもないため認識している教職員、学生は建国記念日以上に少ないのが現状です。今年は大学を愛する心を養う小規模な行事を開催するつもりです。

キリスト教徒でない多くの日本人が二月一四日のバレンタインデーを楽しんでいるようです。お菓子屋の策略に乗せられてチョコレートを贈るようになったのでしょうが、この行事により多くの恋が芽生え、成就するならば嬉しいことです。それが結婚に結びつき子供が生まれ、わが国の少子化が解消されることを夢見ているのは私だけではないでしょう。

二月は私の誕生月です。昭和二二年二月二〇日生まれです。二〇日の午前三時ごろの出産だったこと、二週間後に近所の人に役場に行ってもらって出生届を出してもらったこと、その人が一九日と思い違いをしていたことで戸籍上は二月一九日となったようです。両親は仕事で忙しく、貧しい時代の田舎のこと誕生祝などはしてくれませんでしたが、母親が作ってくれたバラずしを兄弟でおいしい美味しいと食べたことを思い出します。

軍医であった父親が戦地のブーゲンビル島（ソロモン諸島）から帰還したのが昭和二一年六月中旬、私が生まれたのが翌年の二月ですので早産でした。出生時の体重は二二五〇gで未熟児、母親の乳を吸う力がなく、近所のおじさんおばさんが交代で米のとぎ汁を飲ませて二週間ほど必死に育ててくれたとのことです。両親はもとより近所の人たちのおかげで何とか命をつなぐことができました。その地域で戦後最初に生まれた子供でしたので、敗戦で心がすさむ中、地域の人にとって自らを励ますつもりで育つことを願ったのでしょうか。大学を卒業するころまで田舎に帰省すると必ず「お前はこの地域の子供だ」と言われ続けてきました。そう言われながら故郷に貢献できていないことに忸怩たる思いです。

誕生日に誰でもが歌い、歌えるのがハッピーバースデートゥーユー（Happy Birthday to You）です。老人会で英語を知らない九〇歳台のおじいさんおばあさんが、幼稚園児たちが嬉々として歌うのがこの歌です。誰に教えられたわけでもないのにみんなが歌えるのはなぜでしょう。同じ歌詞の繰り返しであること、メロディが単純であることなどが極めて歌いやすくしているのでしょうか。世界で一番歌われている歌としてギネス・ワールド・レコーズに載っているようです。

アメリカ人のヒル姉妹が作詞・作曲した「Good Morning to All」のメロディを原曲としているとのことです。Good Morning to All の歌詞は

Good morning to you, Good morning to you, Good morning, dear children, Good morning to all.

そしてGood Morning to All の替え歌が、ハッピーバースデーの歌となり

Happy birthday to you, Happy birthday to you, Happy birthday, dear —, Happy birthday to you.

この歌に日本語の歌詞があるのを知っている人は少ないでしょう。

うれしいなきょうは　たのしいなきょうは　たんじょうび　おめでとう　おうたをうたいましょう

やはり英語のままのほうがピンときますね。

私は「2」という数字が大好きです。「2」は男性と女性、光と影など、相反するものや、ふたつでひとつのまとまりを表します。「相手がいるから自分のことがわかる」「相手に対する愛情」ということから、知恵や母性（＝愛情）といった意味も持つとも言われています。近代野球では二塁手や二番打者がチームの要で司令塔でもあります。知恵をもって相手を知るからでしょうか。

一位を目指して努力するが紙一重の差で二位となり誰からも注目されずに悔し涙を流すから人は成長します。そこから相手に対する思いやりや新たな挑戦への意欲が生まれるでしょう。「2」を大切にしましょう。

# 自らの才能を生かそう

先日、ゴルフ場で妻の鞄のファスナーを開けて中の飴玉を取る、実に賢いカラスに出会いました。別のホールでは家内がショットをしようとすると「わっふぁふぁ、ワハハ」との鳴き声を出すカラスも。それにびっくりしたのでもなかろうが大ミスショット。おそらく以前に誰かがミスショットをして友達が大笑したのを見て学習したのではと思われる。確かにこのホールのこの場所はミスをしやすいロケーションである。笑うことのできない私は知らぬ半べーを決め込む。ここで変に慰めでもしようものなら、益々ご機嫌斜めとなる。妻にとっては厄日の一日。カラスはコミュニケーション能力も高く、鳴き方や音階で情報を交換するといわれています。人間がやっていることを真似る習性も身に着けているので、恐るべしカラスだ。人も話し方や声調で他人の気持ちを推し量ろうとするが、時には気が付かなかったり誤解したりして相手を傷つけることがあるがカラス並みの感性を身に着けたい。

カラスは鳥類のなかでも最も知能が発達している。ある程度の社会性を持っており、協力したり、鳴き声による意思の疎通を行ったりしている。先述したのとは別に、電線にぶら下がる、滑り台で滑る、雪の斜面を仰向けで滑り降りるなどの遊戯行動をとることも観察されている。何種類かの色を識別でき、人間の個体を見分けて記憶できるだけでなく、植物・家畜やペットなどを認識できるといわれています。

カラスの賢さを示す例は枚挙にいとまがない。硬くて自身の嘴だけでは砕けないものを防波堤や建物の屋上などの硬い場所に落として割る行動が見られたり道路にクルミを置き、自動車にひかせて殻を割るという行動が、日本の至る所で報告されています。簡単な道具を使ったり、小枝を加工し道具を作る例もあり、雛（ひな）の時期から人間に飼育された個体は、キュウカンチョウと同じように人間の言葉や犬の吠え声などを真似ることもできるようになるらしい。

カラスは古来、吉兆を示す鳥で、神武天皇の東征の際には、三本足のカラス「八咫烏（やたがらす）」がタイマツを掲げ導いたという神話があり、日本サッカー協会のシンボルマークにまでなっています。世界各地で「太陽の使い」や「神の使い」としてあがめられてきた鳥で、朝日や夕日に向かっているように見えるカラスが飛ぶ姿を目にした当時の人々がその性質と太陽と結びつけ、神聖視したとの説があります。また、鳥葬の風習がかつてあった地域では、カラスは天国へ魂を運ぶ、死の穢（けが）れを祓（はら）ってくれる、あるいは神の御使いであるなどと崇められている。

野口雨情作詞の童謡「七つの子」は最も広く知られた楽曲のひとつです。「烏なぜ啼くの　烏は山に　可愛い七つの　子があるからよ　可愛　可愛と　烏は啼くの　可愛　可愛と　啼くんだよ　山の古巣へ　行つて見て御覧　丸い眼をした　いい子だよ」カラスに愛着を持った歌です。われわれ世代が子供時代に夕焼けの中カラスが「カーカー」と泣き出すと家路を急いだものです。それが田舎の原風景でした。そのほか日本の歌の中ではカラスは一般的によく見られている鳥であり、ここでのカラスには不快感はありません。

しかし、住宅地や繁華街のごみ置き場の略奪行為には目に余るものがある。こちらが少しでも油断しようものなら、ごみ集積所周辺は足の踏み場もなくなる。大いに迷惑する鳥であるため、捕獲して処分が必要と感じている人も多いと思うが、黒い羽毛が悪や不吉の象徴のように思えて手を出すのに躊躇する。物語では悪魔や魔女の使いや化身のように死を連想させる。現代では好ましくない鳥の代表でしょうか。立ち位置により見方や考え方が大きく変わるので、評論については慎重であるべし。

烏の行水（すぐに風呂から上がってしまうこと）、闇夜に烏（見分けがつかないことの例え）、烏合の衆（統制の取れていない集団をさす言葉）となるのか、烏の濡れ羽色（しっとりと濡れたような黒色　烏の羽と同様に黒髪を指す場合が多い）、三羽烏（さんばがらす、三人組のたとえ）となるのかは皆さんの努力次第です。

強打者内田淳正

折角素晴らしい才能や頭脳を有しながら、それを生かすことができずに暗闇の中に埋没しないためには、一人では何もできないことを知り、多くの友と協力することを実行して欲しいものです。

## ペットが教えてくれるもの

五月の大型連休の一日、家内と久しぶりに近くのショッピングモールに出かけました。目的は健康に良いとされている玄米パンか大豆パンの購入と携帯電話の交換でした。探しているうちにペットショップの前では、チワワが壁に立ち上がって一生懸命運動をしているのを多くの人が楽しんでいました。実にほほえましく、見ていて飽きない。飼い主になる人を喜ばすための芸なのかもしれないが、わたしが見ている間は動き続けていました。捜し物は見つからず、もう一度ペットショップに戻ってみると疲れ切ったのか座蒲団の上で愛くるしく寝そべっていました。抱きしめたいほどかわいい。子どもが我々の元を巣立ってからは家内と二人きりの生活が一五年ほど続いています。それほど不満があるわけではないが、孫がいないのは寂しい。こればかりは自分ではどうしようもできないのでチワワなどのかわいい小さなペットを飼ってみたい気もするが、正直言って家でじっとしていることがきらいな私は飼い主としての責任を果たす自信がない。

現在四八％の世帯が、何かしらのペットを飼っているとのこと。飼育ペットの割合は犬六二％、猫二九％でこの両者で九〇％以上を占めています。飼い主はペットにより癒されたり、孤独でなくなり、人生の質の向上に繋がります。但し、ペットを飼うには、それに伴う様々な責任や困難をよく理解することが前提でしょう。そのような心構え無しに飼ってしまうと、近隣や周囲の人々に迷惑をかけたり、ペットそのものを苦境に陥れたりすることになります。「マナーを守って上手にペットとの生活を楽しみましょう」、「命に対して責任を持ちましょう」といったことが飼い主の責任であると教えられています。飼いはじめた頃は小さかったペットが成長し巨大になったり、凶暴になったりしたため放棄され、それが町中でみつかり住民を恐怖に陥れたとの報道を見ると自己責任の重さを痛感します。

われわれ医療に携わる人にとってのＰＥＴは、がんなどの早期発見や脳機能の評価に有用な検査機器のことです。これはPositron Emission Tomography（ポジトロン断層法）の略で最近はがん検診などでもよく使われるようになってきています。近年の医療機器の進歩は著しく、特に画像診断機器ではＣＴ（Computed Tomography）、ＭＲＩ（Magnetic Resonance Imaging）、ＰＥＴと有用性の高いものが多い。ＣＴやＭＲＩは解剖学的な情報に勝れているので形態画像と呼ばれ、ＰＥＴは生理学的な情報に勝れているので機能画像（functional image）と呼ばれます。この両者の利点を融合したＰＥＴ／ＣＴも開発され、診断での有用性は一層高まっています。しかし、誤解のないようにしておいて欲しいのは一〇〇%の確率での診断はあり得ないことです。私も友人である三重大学附属病院長の強い勧めで年に一回はPET/CT検査を受けていますが、健康管理で最も大切なことは自己抑制です。美味しいものも食べたい、お酒も飲みたい、面倒だから運動はしたくないでは健全な高齢者とはなれません。自らの基礎代謝量が落ちていることを自覚し、カロリー摂取量を抑えるか、取り過ぎていると思えばエネルギーを消費することを自覚しなければなりません。そういう私も友人から自己管理の不十分さを責められています。

最近はペットボトルのペットもよく知られています。ペットボトルで一つの言葉となっているためか「ペット」の意味を考える人は意外と少ない。ボトルが瓶とか容器であることは誰でも知っているが「ペット」の由来は?となると答えられる人は少ない。実は私も先日までは恥ずかしながら知らずに何気なく使っていました。東京出張の帰りの新幹線で、喉の渇きを潤すために駅で購入したペットボトルの水を飲みながら「ペット」の意味が気になり出し、帰宅して大急ぎでそのことを調べました。「ペット」とは「ペット樹脂」のことでポリエチレンテレフタレート(Polyethylene Terephthalate)の略語であることが判りました。

ペットボトルは今から四〇年以上前に開発され、炭酸飲料水用に使用されたとのこと。

わが国では一九七七年に醤油の五〇〇ml容器として最初に使用され、現在の隆盛に至っています。その背景には透明で中身が見え、軽量であるが破損しにくく、保香性にも優れ、その上、素材が炭素、酸素、水素であるため、燃焼しても二酸化炭素と水のみで、有害物資はなく環境への影響は比較的少ない。しかし、地球温暖化防止のための低炭酸ガス時代に対応するため現在ではペットボトルの七九％は回収されリサイクルされています。

江戸時代、江戸や大坂の下町では海水混じりの井戸水であったため「水売り」の商売が成立していたとのこと。われわれの時代は水やお茶を買って飲む習慣がなかったため、ペットボトルの水やお茶には最初は抵抗を感じていたが、当たり前のように馴らされてきています。それを利用しはじめると意外と便利であることに気づきます。フタを開けてラッパ飲みして、フタを閉じておけば持ち運び容易でいつでもどこでも飲み直すことができます。

日本で住んでいると水のありがたみを感じることは少ない。きれいな水はどこにでもあり、大都会を除けば水道水でも美味しく飲めます。しかし、中国、東南アジア、アフリカ、欧米などの世界各国ではそんなわけにはいきません。水は貴重品です。水戦争は水面下で進行し、日本の水は狙われている。

# 第八章　訪問記

# 福島訪問

先日、福島市を訪問しました。東日本大震災とその後の原発被害のため不眠不休で対応に当たっている福島医大の学長である友人の菊池臣一先生を見舞うと共に現状の視察が目的でした。朝七時三〇分に津を出発し、名古屋より新幹線を乗り継ぎ、大学に一三時三〇分に到着する六時間の長旅でした。日帰りが可能な時間ですが陸路七〇〇kmは感覚的に遠い距離です。しかし、原発事故となると世界の見る目は異なり、チェルノブイリ原発事故では一、六〇〇km以上離れたスエーデンでも高濃度の放射能を測定したことを考えると七〇〇kmは短いとも言えるでしょう。

新幹線の中から見るかぎりでは、福島の地震被害はそれほど甚大とは思えませんでした。屋根の青色ビニールシートの数はチラホラであり、電車も徐行なしに疾走し、時間通り福島駅到着。福島市の駅前の人通りはほとんどないのに驚かされました。原発事故の影響なのか、住民の外出も少なく、観光客も皆無とのことでした。

理事長兼学長の彼は地震当日東京に出張中、急遽タクシーで帰学。高速道路閉鎖のため一般道を走るも地震のために道はズタズタに寸断されていて六時間以上も要したとのこと。病院に着くと直ちに一病棟（約五〇床）を空けて重症患者の受け入れを準備するも、ほとんどが津波による死亡で救急対応の患者さんは極めて少ない状況。停電はなかったが断水が一週間ほど続き、病院機能の大きな障害となっていた。七〇〇床規模の大学附属病院の一日の使用水量は約一、〇〇〇トンと極めて大量であり、自衛隊などの給水車だけでは不足とのことでした。特にヘリコプターで搬送される多数の透析患者に対して、十分な対応ができずに東京への再搬送を余儀なくされたため、今後は広域あるいは地域での情報ネットワークあるいは搬送や輸送システムの構築の重要性を強調してくれました。われわれにも大いに参考になる意見でした。

この二ヶ月以上に渡る友人のすばらしいリーダーシップと勇気に心より敬意を表します。

自らの三重大学病院はどうでしょう。電気は自家発電で三日、水は井戸水で一部対応可能です。練習船勢水丸の海水淡水化装置にも期待しています。

福島市でも大震災発生後のガソリン不足は深刻とのこと。病院スタッフの通勤に自家用車が使えなくなり、業務に支障が出てきたが、自衛隊による給油で何とか持ちこたえることができたと話してくれました。

被災者への食料などの支援物資が届きだしても、病院や行政などの現地支援者への物資の供給はなく、学長自身もおにぎりだけで一〇日ほど過ごしたとのことでした。被災者優先であることは言うまでもないが、自らのことよりその救援に全力で立ち向かっている皆さんもまた別の意味の被災者です。その支援体制も重要です。

残念なことも耳にしました。私立の某病院では震災当日の当直の医師が無断で仕事場を離れ、家族とともに東京方面に移動し、その後一週間ほど病院に復帰しなかったようです。放射能汚染を心配しての行動でしょうが、家族のみを東京に帰すか、それが不安であれば、翌日に院長の許可を得て連れ帰り、自らは直ちに引き返し診療に従事するのが医師としての勤めでしょう。今こそ自己中心の欲望から離れて、誰かのために行動する精神を伝えなければなりません。特に、医療に従事するものは。しかし、ほとんどの医療従事者は使命を果たすために自らの危険を顧みず行動したのは、自衛隊、消防隊、警察などの皆さんと同じです。心より「ありがとう」の思いを伝えたい。

福島市の放射能測定量は三月一五日に二四マイクロシーベルトと高い値を記録していました。これは福島第一原子力発電所より東南の風に乗って約六〇㎞離れている福島市に達したと考えられます。その後の測定値は徐々に低下していますが、現在でも市内の場所によっては一時間あたり一・二〜一・四マイクロシーベルトと高くなっています。福島市周辺には多くの観光地がありますが、今でも観光客は戻ってきていません。飯坂温泉、土湯温泉などには宿泊客はなく、倒産する宿も出てきている。現在は三食付きで一日五、〇〇〇円で被災者を受け入れてくれています。この好意には心より感謝したい。

昭和四五年（一九七〇年）に書かれた吉村昭氏著『海の壁』が文庫本となり『三陸海岸大津波』として書店に並んでいます。明治二九年と昭和八年の大津波による被災者の悲痛な叫びと、それに負けることなく戦い続けた人々の姿を記録した本です。この地域の人々は繰り返し大津波の被害に遭いながらも、いつも不死鳥のごとくよみがえってきました。

三陸海岸に生活する人々の苦難に立ち向かう闘志と力強い勇気の結果です。今回の大津波被害は想像を超える甚大なものではありますが、数年後には活気ある人々の営みが戻ってくることを信じています。

そのために三重大学は全学を挙げての協力を惜しみません。

# 紀伊半島

皆さん、紀伊半島の南岸を回廊する紀勢本線がいつ全線開通したかご存じですか。今から五二年前の一九五九年（昭和三四年）七月、尾鷲の西に位置する三木里と新鹿間が開通して全線がつながりました。それまでは尾鷲と熊野を結ぶのは矢ノ川峠越えのバスしかなく三時間ほど要していました。一歩間違えば崖下に転落する難所を通過するバスで、恐怖と酔いの苦痛の数時間だったとのこと。そのため、熊野の人は三重県庁を訪れるのに紀勢本線で和歌山、阪和線で大阪天王寺へ、そこから難波に出て、近鉄で津まで来ることが多かったようです。早朝に出発して夜に津につき一泊し、翌日仕事を済ませてその日の夜遅くに帰宅することになるとのことでした。仕事が少し長引くともう一泊しなければならなくなったようです。まさに大旅行の県庁出張でした。私も二〇数年前（当時は阪神間に住んでいました）、東京出張の帰りに、那智勝浦町で開業している友人の父親の葬儀に参列するため紀伊半島を一周したことがあります。前夜名古屋で一泊し、早朝に紀勢本線で勝浦に向かいました。（本来の紀勢本線は亀山駅から和歌山駅までですので、正確には関西本線から伊勢鉄道線経由となるのですが）葬儀が終わると今度は和歌山市経由で自宅に深夜帰り着きました。これも疲労困憊の大旅行となったこと言うまでもありません。紀伊半島は鉄道が開通しても遠く長い道のりであることにはかわりはないようです。それでも三重県の北と南が繋がり、一つになったことにはかわりはありません。一つになることが大切です。

数年前に三重大学と和歌山大学の連携協議のため和歌山市を訪問しました。紀伊半島というしばりでは隣接県ですが、時間的には遠隔地に相当するでしょう。和歌山大学までは大阪難波経由で四時間近く要しますので、東京へ行くより時間がかかることになります。大都市を中心に放射状に交通網が整備されているため、隣接しているとはいえ地方都市間を行き来するためには恐ろしく時間がかかるとの声をいたるところで聞くでしょう。紀伊半島連携地域活性化には東海南海連絡道（半島横断道路）の早期開通が必要との声もありますが、その利用度からすると現実離れしている構想でしょうか。

和歌山大学で気を引いたのは図書館に付設された紀州文化博物館でした。徳川紀州藩時代の地図、書物など貴重な展示が印象的で、地図には現在の三重県内に石高一八万五千石を有し、松阪城代に仕置きをさせていたことが克明に記載されていました。実に五五万石の三分の一が三重県に存在していたことになり、藩主の参勤交代も江戸時代前期は和歌山街道を利用して松阪に至り、そこより渥美半島までの海路が利用されていたようです。また、松阪の小児科医で国学者の本居宣長が紀州藩主に呼び出された時もこの街道を使ったとのことです。現在の県境には高見峠があり、トンネルが開通する以前は健脚でも険しい道でした。学生時代何度も台高山脈を縦走しましたが、難所続きでバテバテとなったことを記憶しています。こんな道を大名行列が通ったとは信じがたいことですが、三重と和歌山との結びつきは今よりもはるかに深かったと思われます。

医師になって研修時代の昭和四九年に紀伊半島の先端に近い那智勝浦町立温泉病院で約一年間勤務しました。当時は大阪から電車で五〜六時間、車では一〇時間以上かかりました。現代的表現ではまさに僻地ですが、温泉があり風光明媚なためその当時は新婚旅行客も少なくありませんでした。七〇歳以上の皆さんで新婚旅行は南紀の白浜、勝浦だったことを想い出す方もいらっしゃるでしょう。車の後部座席に衣服と本を詰め込んでの赴任で、勤務初日に町内一斉放送で歓迎してくれました。仕事が終わると毎晩のように町内の温泉ホテルに出かけ支配人にタオルを借り温泉に浸かり、その後ビールや夕食をご馳走になりました。そのお返しは夜中に急病となった温泉客の往診でした。この温泉病院での経験がその後の自分を高めるのに大いに役立ったと実感しています。病院に老年の産婦人科医が一人で勤務していましたが、その先生に私はどういうわけか気に入られ、休日によく帝王切開の手術を手伝いました。血性の羊水で下着が真っ赤となり手術場に捨て、下着なしで帰宅したことも懐かしい思い出です。当直の夜、頭蓋骨陥没骨折の患者が運び込まれ、外科医が誰もいなかったため、最初は一人で手術をする羽目になり、恐怖心でふるえながらの執刀でした。終わるころに外科部長が現れ、それで良いよと誉めてくれたことでホッとして腰が抜けそうになったのも今では笑える話となりました。三〇年以上前ですので、現在とは医療の背景は大いに違っていますが、人の心は変わっていないはずです。どこにいても、いつでも仕事に全力を尽くすことが新しい展開を生み出すことを忘れないでください。

　熊野古道の一つ、中辺路の思い出も鮮烈でした。熊野本宮の湯ノ峰温泉から田辺までの山道を車で走りました。昭和四九年当時は一車線の崖道地道で、対向車が来るたびに待避場所までバックしなければならない恐ろしい道です。田辺に近づくと峠があり、その頂に立つと突然眼下に上富田の町並み（現在の田辺市上富田町）から田辺湾が実に鮮やかに開けていました。恐ろしい道を抜けたとの安堵感の中のその絶景はまさに絵の世界で、桃源郷を思い画きました。いにしえの京雅人も同じ思いをしたと確信する光景でした。その素晴らしさを家内にも見せたいと数年前に再度挑戦しましが、今は二車線の舗装道路とトンネルで、あっという間に田辺に到着し、峠の痕跡すらみえず昔日の面影は全くなくなっていました。素晴らしい景色を見せてやると大見得を切った家内への威厳失墜の一瞬です。

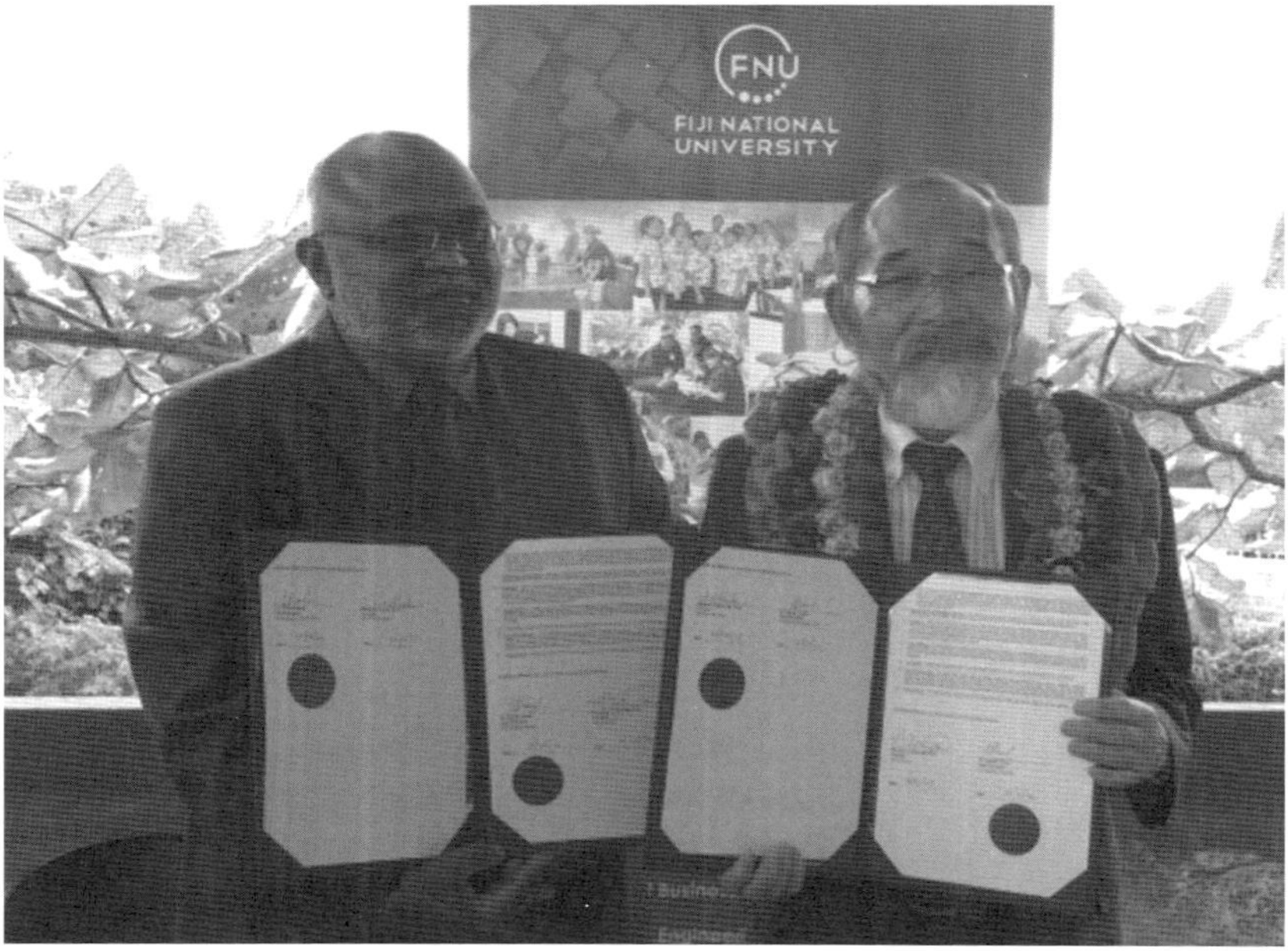

フィジー国立大学との協定締結

富や便利さが人の心を豊かにするわけではありません。努力して手に入れた成果がその人を向上させることを意識してほしいと願っています。

# 杜の都仙台から環境へ

一一月二四日に仙台でプロ野球の東北楽天ゴールデンイーグルスが優勝パレードを行いました。沿道に二一万人を超えるファンが集まり、日本一となった喜びを選手とともに分かち合いました。東北が一つとなった瞬間です。東日本大震災以後苦難の連続の中、必死の努力が少し報われた気持ちになれた時でもあろうか。私の極めて親しい友人が星野仙一監督の親類に当たることから、監督と親交を結ぶ幸運に恵まれました。監督から三重大学の研究助成として多大の寄付も頂いています。その友人と一緒に毎年数回、仙台の球場に出かけネット裏の特等席で応援しています。グランドで監督と一緒に練習を見学したり、監督自らがネット裏の我々の席に挨拶に来てくれたりで、野球少年であった私には至福の時です。そして、東北の人たちの熱狂的声援に支えられ、このチームはホームのゲームではめっぽう強い。私もそれに呼応するかのように興奮してきます。スポーツの持つ魅力です。

どこのチームのファンであるかに論理的な根拠はない。小さい頃は巨人ファンで、それは片田舎の子供にとってラジオやテレビの放送が巨人戦しかなかったことが理由でした。

大阪に住んでいるときは地元である阪神タイガースや阪急ブレーブスを応援。縁あって両チームのキャンプドクターを数年経験し、プロスポーツの厳しさに触れることができました。三重県に来てからは中日ドラゴンズを応援することになり、現在三重中日ドランゴンズ後援会の副会長でもあります。そして、今は友人の影響で楽天ゴールデンイーグルスを応援。節操がないと叱られるかもしれないが、ファンになるというのはその程度のきっかけであるのが大半でしょう。

昭和五二年（一九七七年）一〇月三〇日に結婚した私たち夫婦は新婚初夜を仙台のホテルで迎えました。そろそろ外国への新婚旅行が主流になりかけていた頃でしたが、あえて東北を選んだのは学生時代より杜の都仙台への憧れがあったためだったかもしれない。結婚後三五年以上経過しているが、結婚記念日に特別な行事をするわけではないが、その日に「ありがとう」か「ごくろうさん」の言葉をかけるようにしている。それがないと記念日を忘れたのではないかと非難の目で見られるだけでなく、実害が予想される。女性の感性と男性のそれの違いはあるが、男性の譲歩が家庭円満の秘訣でしょう。現代のカップルは逆なのかもと考えたりするが？　当日宿泊したホテルは既に閉館して取り壊されていたが、われわれ夫婦はなんとか持ちこたえている。

山本周五郎氏は私の好きな作家のひとりです。学生時代、彼の作品を読みあさった中で、「樅ノ木は残った」は気に入っている作品の一つでした。人形浄瑠璃や歌舞伎の演目である仙台藩伊達家の騒動を題材とした「伽羅先代萩」（めいぼく　せんだいはぎ）では、家老の原田甲斐はお家乗っ取りを図る悪役です。その原田甲斐を主人公とし、幕府による取り潰しから藩を守るために尽力した忠臣として新しい解釈を加えた小説で、たとえ自らが悪人の汚名を着ようとも、幕政から仙台藩を無事に存続させることにありました。庭にある樅の巨木に向かって「私はこの木が好きだ。この木は何も語らない。だから私はこの木が好きだ」と作者は己の孤高を原田甲斐に語らせています。

仙台青葉山のもみの木は現在まで残り、大都会の真ん中に貴重な森が残っている。そして「森全体」が国の天然記念物に指定され保護され、かつてこの大地は巨木の森におおわれ、そこで人々は動植物と共存して繁栄してきました。それが日本の多くの場所で失われてきていますが、この山ではその面影をいまだに色濃く残し、もっとも原生的な森林の一つとして生物学的多様性がきわめて高いとして注目を集めています。現代に続く継続性を見ることができるのは仙台の多くの人々の努力に負うところが大きい。

津市美杉の奥にある三重大学の演習林も生物多様性に優れた森林ですが、それが間伐の不足や獣害などにより侵されつつあります。大学挙げての取り組みが求められています。持続可能な社会を作るための環境教育に先進的である三重大学の真価が問われる問題の一

シャルジャ大学（UAB）

つでもあります。

# インドネシアで見たもの、聞いたこと

本年六月インドネシアを訪問。大きな国土で巨大な人口を抱えているのに鉄道や道路整備が遅れていること、その上多くの島間の移動などのため飛行機の利用度は高い。そのため空港には人がいっぱい、国内線は一～二時間遅れるのは当たり前とのこと、先進諸国の常識とは異なる。国営のガルーダインドネシア航空がほとんど独占状態であるが、小さな航空会社も少なくない。世界的にみてインドネシアの航空会社の危険度は極めて高いといわれているらしい。あまり利用したくないが、他の方法がないので致し方なしです。空港の拡張計画があるが、そのためには運航システムの充実や人材の養成が先決でしょう。優先順位を誤ると大事故になりかねない。

ホテルへ入るのに一苦労、極めて厳しい警戒のためです。まずは車のチェックで、タイヤは金属探知機で、ダッシュボードとトランクを開けさせられ、それが済んでホテルの入り口で荷物検査があります。爆弾テロ防止のためとのこと。特にアメリカ系資本のホテルは危険で、昨年も二件の爆破事件があり多数の死者が出た。アメリカには申し訳ないが友人の勧めもありインドネシア資本のホテルに滞在することにしました。世界に一三億人以上の信者を持つイスラム教は多くの人に受け入れられる穏やかな宗教ですが、原理主義に基づく過激派がテロ行為を繰り返している。残念なことです。

三重大との連携関係にある国立ボゴール農科大学を訪問。現大統領のユドヨノ氏が卒業した名門大学です。ジャカルタからよく整備された高速道路で二時間、町の中心に大学のキャンパスがあり、その中にショッピングモールやホテルがあり、国立大学だが企業的経営感覚が豊かです。わが国に比べるとはるかに規制が少ないように思える。郊外にもあるキャンパスを訪れるが、途中の道は悪く、整備されているジャカルタ周辺の高速道路との格差が著しい。周辺の家は豊かとは思えないが、前におかれている車は、ほとんどが日本車で、いずれも高級車。二台所有している家庭も少なくない。平均所得が日本の一〇分の一程度で何故購入できるのかが不思議である。友人の話ではローンで買うのだが、中古になっても価格が下落しないので安易に購入するらしい。ローンが払えなくなって車を手放すことになっても損害はほとんどないとのことです。このような販売戦略もあるのかもしれないが、そのうち新車が売れなくなるのではと心配になる。

三重大学と大学院ダブルディグリーを実施しているスリウィジャヤ大学の卒業式に出席。一五〇〇人の学生とその家族で体育館はすし詰め状態、国歌斉唱で式が始まるが、厳粛な感じは全くなく、皆楽しそうに歌い、まさにピクニック気分です。全員に卒業証書を学長が渡すので、四時間以上かかるとのこと。学長は大変である。証書の授与はＧＰＡ（Grade Point Average の略で、各科目の成績から特定の方式によって算出された学生の成績評価値のこと）の点数の高い優秀者より始まる。ざわついた中、延々と続く。副学長、学部長らの登壇者は自分の出番以外はのんびりしたものでアイフォーンを操作したり、お菓子やお茶を飲んでいる。規律に厳しく、分刻みに進行される日本式儀式とは全く異なる、楽しく愉快な式典でした。昼食は講堂周辺の芝生での家族全員の宴で、我が国では失われつつあるかすでに失われた家族の絆がある。幸福感にとって最も大切なものは人の絆であろう。

カリマンタン島の山中にあるアダロ鉱山を視察しました。一六人乗りの小型プロペラ機で出発。心配していた天候も微風快晴で安定した飛行でした。見渡す限りの巨大な石炭の露天掘り鉱山で、石炭の採掘は、それを覆っている表土を除去することが作業の中心であることを初めて知りました。九〇トンから二〇〇トンのダンプカーが轟音と土煙を舞い上げながら地底より駈けあがってくるのは圧巻です。大規模な露天掘りは間違いなく山林を破壊し、環境問題を引き起こすであろうが、協力しているコマツは掘り起こされた荒れ地にジャトロファという極めて生長の早い熱帯性植物を栽培し、緑化運動を展開している。さらに、その実でバイオ燃料を作り、軽油に二〇％そのバイオ燃料を混ぜて、ダンプカー

中国社会科学院前で

を動かし、環境と開発のバランスを考えた二一世紀型資源開発を目指している。コマツの取り組みに敬意を表したい。

地球環境は悪化の一途をたどっている。しかし、あきらめることなく、多くの英知を結集し、解決方法をみつけよう。

三重大学は知の拠点です。それを集約し明日へ。

# 南米三重大学同窓会

本年八月にブラジル・サンパウロ大学やペルー・リマのラ・モリーナ農業大学との大学間連携協力協定の締結のために南米を訪問しました。南米の前後にアメリカのボストンのハーバード大学、インディアナポリスのインディアナ大学―パデュー大学インディアナポリス校、サンディエゴのカリフォルニア大学サンディエゴ校も訪れていくつかの大学と学生交流や研究協力の話し合いもしましたので二週間以上に及ぶハードな旅となりました。帰りの飛行機が遅れたため成田で余分な一泊も加わりいささか疲れましたが、稔の多い出張となり喜んでいます。南米は地球一周の半分の所ですので、世界一周の航空チケットを購入した方が安上がりとの話も聞きました。

手元に南米三重大学同窓会の名簿があります。会員は二〇人です。ほとんどが農学部（現生物資源学部）の卒業生です。サンパウロやその近郊に住んでいる方が多いのですが、アマゾンやアルゼンチン在住の人もいます。この数は国立大では一位、私立大学も含めても三位です。昭和三〇年代から四〇年前半までの三重大学は大きな夢とそれをかなえようとする実行力に溢れた学生が数多くいたことの証拠です。今もその伝統を受け継いでいてほしいと願っていますが、どうでしょうか？

私のサンパウロ滞在中にその皆さんが同窓会を開催してくれました。二世、三世の家族を含めて総勢六〇人の皆さんが集まって私たち三重大学の一行を歓迎し、同窓生も久しぶりの再会を楽しんでいました。会長の徳力啓三氏（昭和四〇年卒、農学部）、幹事の野口博史氏（昭和三九年卒、農学部）、角谷博氏（昭和四四年卒、農学部）らを中心に実に仲の良い集まりです。徳力氏はアマゾンの開発を長年手がけ、現在は貿易商として活躍しています。唯一の女性卒業生の松尾真名子さん（昭和三一年卒、農学部）は同窓の夫と二人でブラジルに移民、数年前にご主人を亡くされましたがお子さんやお孫さんと暮らしています。最年長の広岡優氏（昭和二四年卒、高等農林）は体調不良で欠席でしたが、二人の娘さんが顔を見せてくれました。二人とも現地の高等教育機関で活躍しています。高松寿彦氏（昭和四二年卒、農学部）は現在でもアマゾン開発の旗手として大活躍とのことで、日本のテレビなどでもよく取り上げられています。一色田眸氏（昭和三五年卒、農学部）はわざわざアルゼンチンのブエノスアイレスから参加してくれました。大成功をおさめられ、現在でも現役で活躍中です。最年少の長尾直洋氏（平成一四年卒、人文学部）は若者代表として同窓会の支えとなって欲しいと全員が願っていました。私も大いに期待しています。

その他、多くの同窓生と話をしましたが、紙面の都合上書ききれませんのでお許しください。いずれの皆さんもブラジルに大きな夢を抱き、待ち構える数々の苦労をものともせずに現在の成功を勝ち取った自信にあふれた表情でした。そして、三重大学の学生諸君へのメッセージは「夢を持て」「人にばかり頼らずに自分で道を切り開け」「自信をもってことに当たれ」など、今の日本に欠落しかかっている「志」と「心意気」に関することでした。祖国にかける期待も想像以上に大きなもので、日本の発展を異国の地で切望している気持ちが心痛いほど伝わってきました。経済的な発展に比例して、若者の精神的逞しさが低下していくようにみえることについて大きな危惧を抱いていました。教育者として夢と志をどのように育むのか、そのことを実現してほしいと何度も何度も繰り返しお願いされました。

ハワイや米国本土や南米移民は戦前と戦後では少し違いがあるように感じました。戦前の移民は主として農業労働者としてで、その過酷さは想像を絶するものがありました。多くの人が異国の地に倒れ、その目的を実現できなかった人も数多くいたとの記録も残されています。その中での成功ですから彼らの苦労は現代のわれわれの思いを超えたものだったでしょう。戦後の移民は少し違ったようです。技術者移民が多かったこと、相手国の受け入れ態勢の整備や戦前移民の人々の援助などで戦前に比べると恵まれた環境であったと

南米三重大学同窓会

のことです。それでも異国の地での仕事は多くの苦労を伴ったことでしょうが、彼らの夢にかける努力がそれを乗り越えたのでしょう。三重大学の同窓生の皆さんも苦労話より同僚や家族の助けで今があることの話がほとんどでした。現代の日本で失われつつある共助の精神や家族への思いがそこには強くいきづいていました。

南米三重大学同窓会も高齢化が進んでいますが、今後皆さんの健康な生活の継続を切望しています。そして、三重大学の若い人たちがブラジルの大地に積極的に挑戦することを願っています。二か月以上要した船旅は一日ほどのフライトに替わりました。決して遠くはありません。夢に向かっての挑戦です。

# 人類のふるさとアフリカ

初めてのアフリカ訪問。アフリカに出張を命じられた若い医師のお母さんが「メ」と「フ」を聞き間違え大喜びしたが、後で「フ」が本当だったことを知り大いに落胆したという話を聞きました。笑い話ですがお母さんにしたら真剣だったのでしょう。今回、事務職員に随行を求めたところ誰も行きたがらない。少ない負担で世界を知る機会を、アフリカと聞いただけで回避する。それがわれわれ日本人の多くが自らの祖先の地であるこの大陸に抱く印象でしょうか。しかし、アフリカは大きな大陸であることを知らなければなりません。北アフリカはアラブ系のイスラム教徒が多くを占め、ホワイトアフリカとも呼ばれる経済的にも安定した地域です。サハラ砂漠以南をサブサハラと位置づけ、黒人中心の国家でブラックアフリカと呼ばれます。サブサハラでも南部アフリカはまた少し違って、今回訪問したザンビア、南アフリカ共和国は灼熱の大地ではありませんでした。七月は南半球が真冬であること、それに高地でもあり涼しく、時には寒さを感じる国でした。先入観にとらわれすぎると大きな間違いを起こすことのよい教訓です。

今回訪問した両国は政治的、経済的に比較的安定した国家ですが、それでも先進諸国とは比べものにならないぐらい貧富の差が激しい。貧民街での衛生状況は悪く、感染症や栄養失調の子供たちは多く、慢性化する背景にはエイズがあるといわれている。アフリカへの世界からの援助が行き届かないのは一部の人の搾取によるとの話も聞く。問題解決に向けて最も重要なことは子供たちへの教育の徹底でしょう。時間が必要だが二〇年後に期待しよう。

ザンビアで医療ボランティアを展開している六〇歳代前半の山元香代子先生（自治医大卒業）に教えられました。三ヶ月日本で診療して資金を獲得し、それをもとにザンビアの僻地医療を展開しています。実に志が高く実行力のある女医さんで、それに若々しい。後に続く医師たちが育って欲しいと願っているが。

援助の継続性の難しさも痛感しました。ザンビア大学農学部の建物は四〇年前にカナダの援助で建築されたとのこと。しかし、現在ではカナダの影はどこにも見えない。医学部の建物の一部は三〇年前にＪＩＣＡの援助、日本の影も薄くなっています。それに変わって中国が前面に出て、大学のキャンパス内には孔子学院があり、中国援助によるがんセンターが建設中でした。町を歩く中国人も少なくない。一国に影響力を持ち続けるためには継続的援助が必要であるがそれには国家の介入が不可欠でしょう。

山崎豊子作の『沈まぬ太陽』の最後の文章「何一つ遮るもののないサバンナの地平線へ

モンゴルにて

黄金の矢を放つアフリカの大きな夕陽は、荘厳な光に満ちている。それは不毛の日々に在った人間の心を慈しみ、明日を約束する、沈まぬ太陽であった。」今回の訪問で見たザンベジ川やサバンナに沈む巨大な夕陽はまさに人の心に勇気を与えてくれました。

アフリカとそこに住む人々に明るい未来が開けることを信じる旅でした。

# 南アフリカのワインと教育の町

ザンビアに続いて南アフリカ共和国のケープタウンを訪問（七月三日〜五日）。七月のこの時期は、ロンドンの気候とよく似ている。風が強く雲の流れが速いため、太陽が顔を出すかと思うと曇りになり、雨が降り、時には激しく降り出す。気温もめまぐるしく変化し、二〇度以上からあっという間に一〇度以下となる。この変化に対応するにはわれわれの身体は十分には慣らされていない。傘も必携です。セーターやウインドブレーカーを羽織りたくなるかと思うと、半袖で十分の時もあります。

ケープタウンから東へ車で約一時間。ステレンボッシュの町があります。人口一五万人で、ワインと教育の町と称されています。周囲に多くのブドウ畑とワイナリーがあり、南アフリカ最大のワイン生産地ですが、ステレンボッシュ大学があるためこのように呼ばれています。うらやましい限りです。津市も政治と教育の町ですが、そのように称されることは希です。この大学は南部アフリカに住むオランダ系白人を中心とするアフリカーナーの中心的教育機関で、大学間連携のための訪問でした。

ステレンボッシュ大学の農学部にはワイン学科があり、ブドウ栽培や醸造の研究を通して地場産業にも大いに貢献しています。ワイン学科とは実に単純明快、わかりやすい。誰にでも何をしているかが理解できるし、三重大学にとっても絶好の連携先です。

私の好きなプロゴルファー、アーニー・エルスがこの大学出身とのこと。大きな身体でゆったりした優雅なスイングでボールをとらえる。いつも手本にして、ゆっくりとスイングしたいと願っているが、そううまくはいかないのがゴルフです。彼のワイナリーがステレンボッシュにあり、その名もアーニーエルスワインズ。世界各地で出会った素晴らしいワインの虜となり、自ら世界トップクラスのワインを作ることを目標にしている。彼は「ワイン造りはゴルフのようだ。最後には自然が全てを決定づける」と語っています。

ステレンボッシュ大学はラグビーも強いとのこと。南アフリカ最強のチームだと大学関係者から聞きました。調べてみると確かに大学とクラブチームは世界最大の人数を有し、世界にラグビー人材を派遣しているようです。日本で活躍しているプレーヤーもいるようです。最近ではステレンボッシュルールと呼ばれる新しいルールを提唱し受け入れられているので、ラグビーを中心とした大学間連携もおもしろい。三重大学は難しいが、私学では可能ではないでしょうか。

アフリカ大陸の最南西端の喜望峰を訪れました。ポルトガルのバルトロメウ・ディアスにより大航海時代に発見され、その時は嵐であったため最初は「嵐の岬」と名付けられたが、国王マヌエル一世はこれを「希望の岬」（CAPE OF GOOD HOPE）と改めました。その後、国王の命を受けたヴァスコ・ダ・ガマは、この喜望峰を経由してインドに到達し、さらに中国の広東まで足を伸ばしています。アジアとポルトガルを直接結びつける海上交易路が完成し、海のシルクロードが開けることになりました。まさに「希望の岬」です。なぜ日本語訳が「喜望峰」となったか？誤訳といわれています。確かに「喜望」という言葉は広辞苑を調べてみても存在しない。しかし、ポルトガル人たちが喜び勇んでインド洋を望んだことを考えればすばらしい造語と考えたい。

三重大学にも喜望の道が示されますように。

ベトナムカントーにて

# 南方の島で思うこと

本年五月南太平洋大学と国立フィジー大学との連携のためフィジーを訪れた。四年前まではは日本より直行便があったが、現在では韓国か香港かニュージーランドもしくはオーストラリア経由でないと行けなくなっている。そのため日本人観光客はほとんどいないが中国や韓国の人を多く見かける。確かに数年前には夢の島と銘打ったフィジー観光のパンフレットが氾濫していたが、現在では探すのに苦労する。大学間連携の合間の週末をリゾート地のナンディで過ごし、疲れを癒やした。民俗芸能、マリンスポーツなど楽しめる島である。

南太平洋大学（University of the South Pacific）は、太平洋の一二の小規模島嶼国家群が共同で設立した公立大学で、本部及びメインキャンパスはフィジー島に置かれている。この大学の特徴は衛星回線を使用した遠隔地教育の充実である。すべての加盟各国には地域のサテライトキャンパスが置かれ、本校からの通信授業がおこなわれている。これは二〇一〇年に日本のODA援助により大学内に建設されたJapan Pacific ICT Centerによって機能が維持されている。ここは南太平洋地域最大の情報通信センターともなっている。

コンピュータ設備を整備した実験・実習・研究用の部屋、サーバー室、ネットワーク運用管理室、遠隔教育用設備、テレビ会議室、ＩＣＴ関連学部・大学院の教員室などが置かれている。このセンターを起点として最先端技術研究、高度な技術教育の実現により南太平洋地域における教育、医療、災害予防と対策、交通運輸、地域振興等の拡大が推進されている。日本の大学でも見られないような素晴らしいセンターである。

フィジーはメラネシアに属しているがそこに住む住民はポリネシア人が多く文化も受け継いでいる。ポリネシア人は大男が多いのが目を引く。少し大げさであるがガリバー旅行記の巨人の国を思わせる。ニュージーランドやオーストラリアのラグビーチームや来日しているポリネシアからのラガーマンの巨大さと強靱さには驚かされるのを多くの人が感じているはずだ。

ラピタ人は、人類史上初めて遠洋航海を実践し、太平洋の島々に住み着いた民族でポリネシア人の祖先と考えられている。彼らはモンゴロイド系の民族で、元々は台湾にいたのだが、その一部は四、五〇〇〇年前頃に南下を開始し、フィジー諸島に到達、そしてポリネシアのサモアやトンガに拡がっていったとされている。この地域からラピタ人の土器も出土している。この時に別のグループは黒潮に乗って日本列島にも渡っており、特に三重県や愛知県や和歌山県などに彼らの末裔が多いと言われている。骨格の類似性から、縄文人と現在のポリネシア人を形成した人種は共通するとされている。三重大学では紀伊半島に多いといわれている神経変性疾患を長年にわたって研究している。類似した疾患がミクロネシア系であるグアム島住民には見られるが、ポリネシアの人々に存在するのかは現在調査中である。疾患の類似性から民族の起源を追求する壮大な研究である。その成果が楽しみである。

ポリネシア人は体重に対する筋量と骨量の比率が他のあらゆる人種を大きく上回っている。そのため『地球最強の民』（最も強い身体を持つ人々）などと称されることがある。多くのポリネシア系移民を有するオーストラリアやニュージーランドでは、肉体を酷使するスポーツにおけるポリネシア系の人々の活躍が目覚しい。オーストラリアにおいては、一般的にポリネシア系の児童と白人系の児童とで身長を含む体格が大きく異なるため、少年ラグビーリーグでは、ポリネシア系児童の重量級部門を設置しようとの議論がしばしば起こっているという。

この大柄で筋骨隆々とした体形はどうして作られたのか？　食事ではと考えるが、タロイモが主食では可能性は低い。タロイモに特別な成分が含まれているとは思えない。昔の航海活動と深い関係があるとの説が有力である。当時の航海は、飢えや寒さなど、想像を絶するほど難儀なもので、これを克服し、子孫を多く残すのに、大柄で頑健な体形の者が生き残ったとする自然適応説である。長期間食べなくても巨大な肉体を維持できるように、胴部に脂肪がたまりやすい体質になったと考えられているが、本当のところは分からない。しかし、びっくりする大男、大女が多いのは確かである。

昭和四〇年代の高度成長期には「大きいことはいいことだ」をキャッチフレーズに突き進み成功を収め、大きなものへの憧れを持ち続けているが、「山椒は小粒でぴりりと辛い」や「小さな幸せ、慎ましやかな幸せ」が人生にとって大切であることも忘れてはならない。

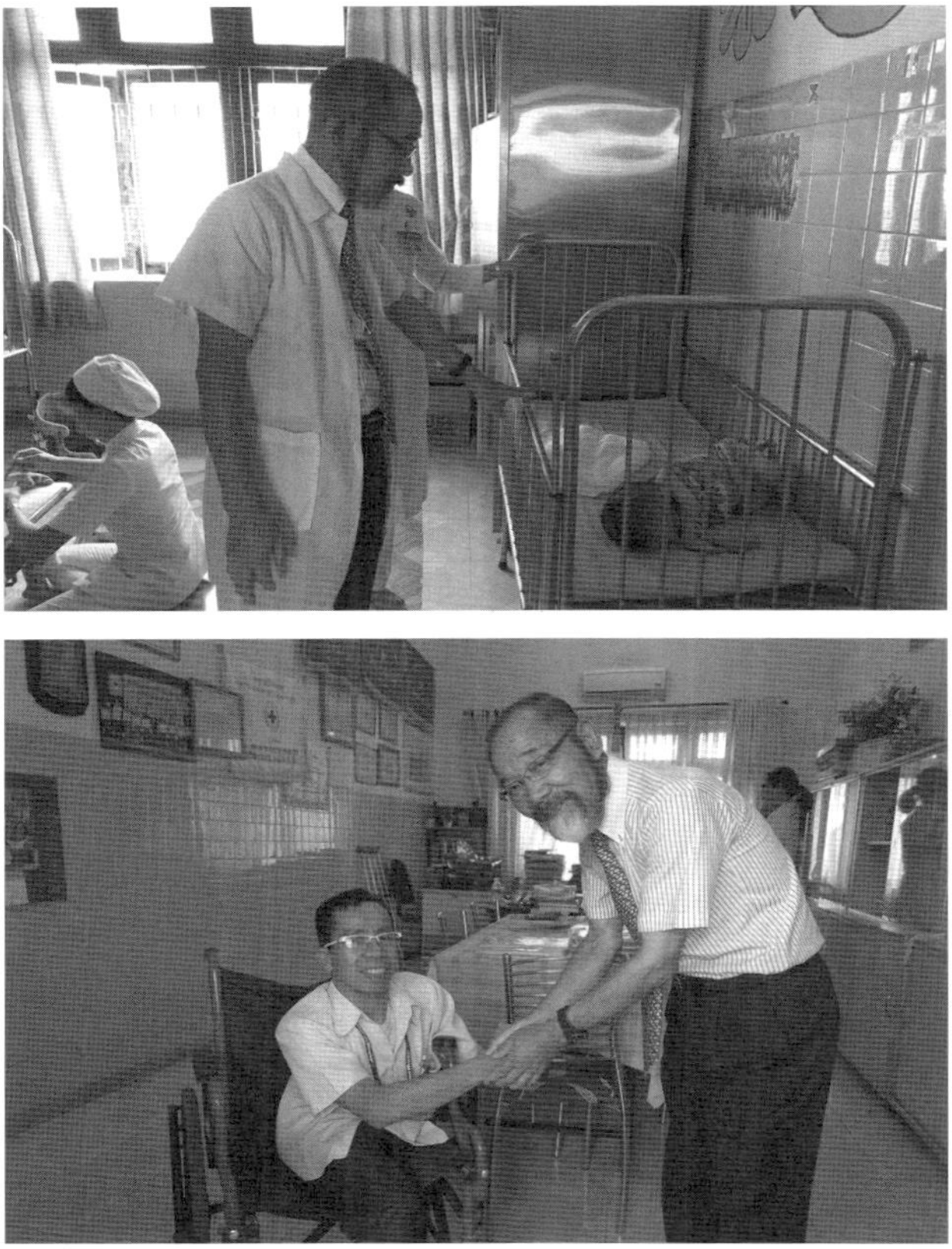

ベトナム・ツーズー病院にて、ドクさんと面談

# おわりに

学長になった二〇〇九年四月が最初の通信です。それから毎月欠かさずに六年間にわたって続けました。大学の教職員へ学長としての私の思いを伝えたいとの動機からスタートしました。任期を終えるにあたって改めて読み返してみますと、この間それなりに成長していることが実感されましたのでタイトルを「六〇歳からの成長」としました。妻に言わせるとそれも自己満足かもしれませんが。多くの大人は成長とは子供に限定したものだと考える傾向があります。そして自分たちにとって「成長」と言う言葉は死語である思っています。しかし、高齢化が急速に進む中、歳を重ねた皆さんが「人は何歳になっても成長するんだ」とのことを信じて、前向きに生きなければこの超高齢社会が豊かにならないでしょう。そのためにもこのタイトルが少しでも役立つことを願っています。

人や組織はなぜ変わることができないのか？　大人の知性に答えを求めたのがハーバード大学のロバート・キーガン教授らです。知性には環境順応型知性、自己主導型知性、自己変容型知性の三段階があり、変わるためには知性の段階向上が必要で、それにより思考様式を変容させなければならないとしています。環境順応型知性は集団思考となりやすく、その結果として善良なドイツ人がナチスの命ずるままに残虐な行為に陥ったり、温厚な日本人が軍部に引きずられて侵略行為を繰り返したりしました。次の段階が自己主導型知性で、自分が求めている情報には実に優秀で積極的に取り入れるのですが、自らが求めていない情報には冷淡です。この知性は大きな研究成果を挙げるのには必須でしょう。そして多くの大学教員はこのレベルから抜け出そうとしないのでは？　自分の専門領域では素晴らしい仕事をするのですが、社会の中でどのような位置づけにあるのかを理解しようとせず、独善的になりがちです。最も高いレベルは自己変容型知性です。自己主導に加えて計画や思考様式の限界を教えてくれる情報を得ようとする知性です。常に現在の思考枠組みの限界を理解しようとする姿勢を維持します。そのため欠陥を指摘された時に自分が否定されたとは感じません。多くの高齢者が自己変容型の知性を身につけて超高齢社会を楽しく生きて欲しいと願っています。

本を構成するにあったて、学長通信の掲載順ではなく新たに章立てをして、関連した記事を後から当てはめました。そのため、一部は章に適していなかったり、章の中での順番に整合性がなかったりしている部分があります。さらに同じ記述の繰り返しもあります。

文脈上削除しづらいところがありますので、そのままにしています。日々に書いたものの寄せ集めですのでやむを得ないところで、お許しください。

最後になりますが、本書の制作に当たって、多くの皆様から協力を得ました。特に三重大出版会の濱森太郎先生、編集担当の大久保和義氏、そして、三重大学企画総務部広報室の皆さんにはお世話になりました。心より御礼申し上げます。

**【著者略歴】**

内田淳正（Atsumasa Uchida）

1947年２月19日　徳島県生まれ

1971年３月　大阪大学医学部卒業

1971年６月　大阪大学医学部整形外科

1980年５月　防衛医科大学講師

1985年９月　大阪大学医学部講師

1995年10月　大阪大学医学部助教授

1996年５月　三重大学医学部教授

2005年４月　三重大学医学部附属病院長

2009年４月　三重大学学長　現在に至る

**60歳からの成長**

—禿髭学長の通信より—

---

発行日　2015年３月10日

著　　者　内田　淳正

発 行 所　三重大学出版会

〒514-0001　津市江戸橋２丁目174

三重大学附属病院本館５階

Tel/.Fax　059-232-1356

社　　長　山本　哲朗

印 刷 所　西濃印刷株式会社



ISBN978-4-903866-30-7　C1095 ￥1380